基于**粮食-水-能源**的黄河流域粮食生产生态效率评价及调控

杨洁◎著

U0330200

中山大學出版社
SUN YAT-SEN UNIVERSITY PRESS
·广州·

图书在版编目（CIP）数据

基于粮食–水–能源的黄河流域粮食生产生态效率评价及调控／杨洁著．—广州：中山大学出版社，2023.12
ISBN 978-7-306-08009-7

Ⅰ．①基…　Ⅱ．①杨…　Ⅲ．①黄河流域—粮食—生产—研究
Ⅳ．①F326.11

中国国家版本馆CIP数据核字（2023）第255985号

出　版　人：王天琪
策划编辑：魏　维
责任编辑：魏　维
封面设计：周美玲
责任校对：蓝若琪
责任技编：靳晓虹
出版发行：中山大学出版社
电　　话：编辑部　020-84110283，84111996，84111997，84113349
　　　　　发行部　020-84111998，84111981，84111160
地　　址：广州市新港西路135号
邮　　编：510275　　　　　　　　　传　真：020-84036565
网　　址：http://www.zsup.com.cn　　E-mail：zdcbs@mail.sysu.edu.cn
印　刷　者：广州市友盛彩印有限公司
规　　格：787mm×1092mm　1/16　13印张　224千字
版次印次：2023年12月第1版　2023年12月第1次印刷
定　　价：62.00元

本专著的出版获得国家自然科学青年基金项目（项目批准号：52209030）、国家自然科学基金重点项目（项目批准号：41831284）、中国博士后科学基金项目（项目批准号：2023M732163）、陕西省博士后科研项目（项目批准号：2023BSHYDZZ110）的资助。

目　录

第二章 相关概念界定与文献综述

第七章 黄河流域粮食生产资源利用可持续性评价

第八章 考虑资源可持续性利用的黄河流域粮食生产调控

第九章　结论与政策建议

前 言

　　粮食安全是社会稳定和安邦定国的基础。追求粮食产量、确保粮食安全，使得我国粮食生产对水资源和农用物资（化肥、农药、农膜等）以及其他能源（灌溉电力消耗以及用于农用机械的化石能源投入等）的依赖较重。粗放型的资源利用在产生了大量的温室气体的同时，使我国面临水资源供求压力大、面源污染严重等问题。推进资源高效、可持续性利用是保障粮食稳定、可持续性生产及粮食安全的基础。因此，在绿色低碳战略导向以及保障粮食安全前提下，统筹考虑水资源以及能源（包括化石能源以及农用物资）利用、开展粮食生产资源利用可持续性评价及调控研究刻不容缓。

　　黄河流域是我国重要的粮食生产基地，流域面临严重的水生态环境问题。为切实促进黄河流域高质量发展，落实黄河流域生态优先、绿色发展战略导向，必须开展考虑水、能源可持续性利用的黄河流域粮食生产调控研究。本研究提出了综合考虑粮食安全、可持续性发展的流域尺度粮食生产调控体系：首先估算流域的粮食产量及消耗量，模拟粮食贸易特性，引入用水量和能源利用温室气体排放估算的有效工具——水足迹和碳足迹，对流域粮食生产的资源消耗特性进行分析，并在此基础上提出基于水足迹、碳足迹联合的粮食生产资源利用可持续性评价方法，最终进行考虑资源可持续性利用的流域粮食生产调控。本研究可为全国及流域粮食贸易路径规划、资源优化利用政策制定以及社会经济发展、水资源利用、环境可持续发展等提供参考依据。

　　本书综合考虑粮食安全、可持续发展，遵循"粮食生产、消耗、贸易特性分析—粮食生产水足迹、碳足迹量化—粮食生产资源利用可持续性评价及调控"的叙述主线，共分为五部分。

第一部分包括第一章和第二章，为研究总论、相关概念界定与文献综述。

　　第二部分包括第三章和第四章，基于遥感数据和统计数据估算流域粮食产量，分析包括口粮、饲料用粮、工业用粮和种子用粮的流域粮食消耗量，为实现资源短缺区粮食供需特性分析提供思路。基于供需平衡原理，将价值型多区域投入产出模型转化为实体型投入产出模型，并以此为基础，模拟我国省际（不含港澳台地区）粮食贸易路径。该方法考虑了物流特征，模拟结果更加贴近实际，为未来我国及流域粮食贸易路径规划提供了参考。在省际粮食贸易特性基础上，提出作物净产量权重法，估算黄河流域粮食对外贸易特性。构建黄河流域内部粮食运输费用最小模型，量化流域内部粮食贸易特性。研究有利于揭示我国及黄河流域粮食贸易路径现状，为未来高效粮食运输提供参考。

　　第三部分包括第五章和第六章，利用作物生产水足迹量化方法、USDASCS（U. S. Department of Agriculture Soil Conservation Service，美国农业部水土保持局）的有效降水量计算法、Penman-Monteith公式等计算了流域粮食生长水足迹，并开展粮食贸易虚拟水特性分析，揭示粮食生长水资源利用状况及粮食贸易对流域水资源的影响。基于碳足迹概念，利用各要素碳排放因子量化粮食生产过程中翻耕、播种、灌溉、施肥、农药、农膜、机械等能源利用和农用物资投入的碳足迹。同时，梳理粮食生产水足迹和碳足迹特性，为多重资源利用评价及调控提供参考。

　　第四部分包括第七章和第八章，构建了粮食生产资源利用可持续性评价及调控方案体系。综合运用标杆管理、广义数据包络分析等方法建立了基于水、碳足迹联合的粮食生产资源利用可持续性评价方法，并将其应用于对黄河流域的可持续性评价。该方法可以准确反映我国地区间粮食生产资源投入差异。以粮食安全、用水总量控制红线等为约束，以流域粮食生产水足迹、碳足迹最小和粮食总产量最大为目标，以播种面积为决策变量，构建考虑资源可持续性利用的流域粮食生产调控模型。粮食生产资源利用可持续性评价及调控方案体系可为作物种植结构优化调整、水资源优化配置、碳减排政策制定等提供参考。

　　第五部分为结论与政策建议。该部分对全书论述内容进行总结，提出种植结构调整建议、节水和碳减排措施等，为黄河流域乃至我国粮食清洁生产提供参考。

第一章　总论

第一节　研究背景与意义

一、研究背景

粮食安全对于国家政治稳定和人民正常生活具有重大意义。我国作为粮食生产、消费大国，全国粮食供给基本处于紧平衡状态。在人口增长以及居民膳食结构变化、消费升级的情况下，粮食安全仍是我国首要的民生问题。习近平总书记强调粮食安全是"国之大者"[①]，粮食安全是战略问题。在多年中央一号文件中，粮食安全问题往往被放在突出位置。2023年中央一号文件强调，要抓紧抓好粮食和重要农产品稳产保供，确保全国粮食产量保持在1.3万亿斤以上[②]。为保障粮食安全，我国出台了一系列关于支持农业的政策，如良种补贴政策、种粮农民补贴政策、农资综合补贴政策、农业支持保护补贴等。这些政策有效地提高了农民生产粮食的积极性，保证了我国的粮食安全。

粮食安全面临着严峻的资源环境压力。水在粮食生产中发挥着重要作用，及时、有效地满足粮食生产阶段的水分需求至关重要。我国的粮食生产对灌溉用水的依赖性较大，2022年农业用水量约占全国用水总量的63%[③]。

---

① 《〈习近平关于国家粮食安全论述摘编〉出版发行》，见中华人民共和国中央人民政府网站（https://www.gov.cn/xinwen/2023-03/27/content_5748513.htm）。

② 《中共中央 国务院关于做好2023年全面推进乡村振兴重点工作的意见》，见国家粮食和物资储备局网站（http://www.lswz.gov.cn/html/xinwen/2023-02/13/content_273655.shtml）。

③ 《中国水资源公报 2022》，见中华人民共和国水利部网站（http://www.mwr.gov.cn/sj/tjgb/szygb/202306/P020230630364402776539.pdf）。

我国农田有效灌溉面积约占全国耕地面积的54%，生产了全国总量75%以上的粮食和90%以上的经济作物，灌溉为稳定粮食产能提供了重要支撑[①]。然而，我国面临着严峻的水危机。我国水资源总量丰富，但人均水平仅约为世界均值的1/4。严重的水资源供需矛盾导致地下水被大量开采，特别是北方地区，进而导致自然环境退化、水污染等问题。水资源的可持续利用是保障粮食安全的关键因素，因此，在水资源短缺、用水矛盾尖锐以及农业水资源被不断挤占的背景下，不断提高农业水资源的利用效率、促进水资源可持续性利用对于粮食可持续性生产和保障粮食安全具有重要意义。

能源是支撑粮食生产和稳定供应的另一项重要资源投入。粮食生产中的能源利用包括间接能源消耗（农用物资如化肥、农药、农膜等）和直接能源消耗（灌溉电力消耗以及用于农用机械的化石能源投入等）。大量的农用物资以及化石能源消耗带来了面源污染、水体富营养化、土壤板结、农产品品质降低的问题；同时也产生了大量的温室气体，加重了温室效应、空气污染等环境问题，给人类生产和生活带来严重影响，威胁人类社会未来的生存与发展。《中华人民共和国气候变化第三次国家信息通报》指出，中国农业生产活动所导致的温室气体排放占中国温室气体排放总量的7%。作为能源消费与碳排放大国，中国面临严峻的碳减排挑战。我国积极承担符合自身发展阶段和国情的国际义务，已在"国家自主减排贡献"文件《中国落实国家自主贡献目标进展报告（2022）》中承诺，到2030年单位国内生产总值（gross domestic product，简称GDP）的CO_2排放比2005年下降65%以上。2021年，《"十四五"全国农业绿色发展规划》印发，提出到2025年，力争实现农业资源利用水平明显提高，减排固碳能力明显增强。在保障粮食安全前提下，亟待减少粮食生产中的碳排放，以实现农业绿色转型和高质量发展。

近年来，我国越来越重视可持续农业发展目标。例如，"十四五"规划（2021—2025）和2023年中央一号文件均指出，我国要大力开展绿色、优质、高效行动，促进粮食单产和质量的提高。面对日益严峻的农业环境形势，发展绿色、生态、可持续农业刻不容缓。不仅要确保粮食产量，还要重视生态环境保护。1990年，生态效率的概念首次被提出，一般而言，生态效率意味

---

① 《经济日报：灌区建设正突破"水瓶颈"》，见中华人民共和国水利部网站（http://www.mwr.gov.cn/xw/mtzs/jjrb/202305/t20230526_1668343.html）。

着在追求经济效益的过程中要减少对环境的负面影响，其逐步发展为测算可持续发展程度的重要分析工具之一。将粮食生产过程中的经济效益及环境影响纳入同一个框架，兼顾粮食生产与生态效率，减少粮食生产过程中的众多资源消耗，已成为推动粮食生产与资源生态协调发展的重要突破口。

黄河流域是我国重要的粮食生产基地，流域及流域外引黄地区年粮食产量超过6500万吨，约占全国的13%，流域粮食生产对保障流域乃至全国粮食安全至关重要。黄河流域降水量较小而蒸发量较大，因此粮食生产对灌溉用水依赖较重，农田灌溉用水量约占总用水量的65%，高于全国年农业用水占比（约63%），导致流域面临严重的水资源短缺以及水生态环境问题。黄河流域人均水资源量不足全国平均水平的1/4，在全球气候变化和社会经济快速增长的情况下，保障流域水安全将更加困难。目前，黄河流域水资源开发利用率约为80%，已远超一般流域40%的生态警戒线，成为我国生态较为脆弱的区域之一。习近平总书记多次实地考察黄河流域，2019年9月18日，习总书记提出了黄河流域生态保护和高质量发展重大国家战略，对流域生态保护提出要求[①]：强化流域生态治理、处理好水沙关系、推进水资源集约利用、探索地域特色高质量发展道路以及传承保护弘扬黄河文化；流域发展既要保障合理性用水，也要预留足够生态用水，以促进流域高质量发展。黄河流域粮食生产对能源资源的依赖同样相对较重，2021年10月24日，《国务院关于印发2030年前碳达峰行动方案的通知》指出，"黄河流域和国家生态文明试验区要严格落实生态优先、绿色发展战略导向，在绿色低碳发展方面走在全国前列"。开展黄河流域基于节水、碳减排的粮食生产生态效率/资源利用可持续性评价及调控研究对促进黄河流域生态保护和高质量发展具有重要意义。

综上所述，本研究的主要内容与意义为：以黄河流域高质量发展为指导思想，摸清黄河流域粮食供需特性及贸易特性，考虑到资源的利用方式在粮食生产、贸易过程中是不同的，需要以统一的方式进行量化以便相互比较，因此，本研究引入衡量人类活动过程中水资源和能源利用温室气体碳排放对环境影响的重要工具——水足迹和碳足迹，以便在不同区域、不同过程采用同等方式对单位质量粮食生产、贸易过程中的水资源和能源利用（包括农用

---

① 《水利部召开推进黄河流域生态保护和高质量发展工作领导小组会议》，见中华人民共和国中央人民政府网站（https://www.gov.cn/lianbo/bumen/202309/content_6904877.htm）。

物资和化石能源）进行量化，提出基于水足迹、碳足迹联合的粮食生产生态效率/资源利用可持续性评价方法，最后以《中共中央关于制定国民经济和社会发展第十三个五年规划的建议》中明确提出的"优化农业生产结构和区域布局"为原则，开展保障粮食安全前提下考虑资源可持续性利用的粮食生产种植结构调控研究。研究重视资源的可持续性开发利用，研究成果对未来种植结构调整、粮食生产资源高效利用、粮食可持续性生产、粮食稳定供应具有一定现实意义和科学价值。

二、理论意义与实践意义

本研究以生态优先、绿色低碳发展、粮食安全战略为导向，以黄河流域为例，揭示流域粮食供需特性和贸易特性，综合运用足迹家族相关理论，从水足迹、碳足迹双重视角了解黄河流域粮食生产的资源消耗特性，提出考虑水、能源双重要素的粮食生产资源利用可持续性评价方法，并试图协同粮食生产的社会经济效益与环境效益，以期为黄河流域未来种植结构调整、粮食可持续性生产提供理论参考和决策依据，助力早日实现黄河流域生态保护和高质量发展目标。研究丰富了粮食生产生态效率/资源利用评价方法，拓展了可持续农业发展的内涵体系和研究框架。

1. 理论意义

我国对粮食生产量的研究比较多，但对粮食消耗量以及粮食贸易量的研究比较少，针对粮食贸易量伴随的虚拟水和隐含碳转移量的研究则更少，本研究提出的我国省际粮食贸易路径模拟方法和作物净产量权重法丰富了粮食贸易和虚拟资源转移的研究内容，为以后的研究奠定理论基础，同时为相关政府部门制定粮食贸易政策提供理论依据。

足迹家族是可持续发展研究的重要手段，且越来越受到学者、政府和公众的关注。目前，关于农业水足迹、碳足迹的研究多集中于国家、省级行政区等层面，针对流域粮食生产资源利用的足迹评价研究较少。因此，以黄河流域这一流域尺度为研究对象的足迹研究在一定程度上能够充实粮食生产资源利用的足迹研究，为节水、低碳管理提供一定的理论依据。

已有研究多运用单一足迹指标开展评价，而运用多种足迹进行综合评价的研究不多。本研究基于水足迹、碳足迹开展粮食生产生态效率评价研究，可进一步丰富和完善足迹家族的有关理论。

本研究提出的考虑双重要素的粮食生产资源利用可持续性评价方法，提升了粮食生产资源利用评价的合理性，为评价粮食生产的生态效率提供了理论框架，在一定程度上对种植业发展方向由粗放型模式向低能耗、低排放、节约高效型模式转变具有一定的理论指导意义，同时可为其他区域的粮食生产生态效率的有效提升提供理论借鉴。

　　2. 实践意义

　　粮食安全是社会稳定和国民经济发展的基础，但是在农业生产过程中，资源的投入会引起水污染、环境污染等一系列环境问题。黄河流域是重要的粮食生产基地，大量的农资产品生产消耗给流域带来了一定的环境压力。在黄河流域生态保护和高质量发展重大国家战略等有关政策的驱动下，针对黄河流域开展节水、碳减排研究十分紧迫。

　　本研究在粮食生产水足迹、碳足迹核算的基础上，提出粮食生产资源利用可持续性评价方法，评价粮食生产生态效率水平，明确不同地区粮食生产的主要制约因素，并有针对性地优化种植结构，本研究可为黄河流域乃至全国的种植结构调整提供指导性意见，同时为保护水资源环境、降低农业碳排放、促进可持续农业、保障粮食安全等提供参考和借鉴，具有重要实践意义。

第二节　研究思路

　　基于上述研究背景，本研究以黄河流域为例开展研究，内容框架如图1-1所示。

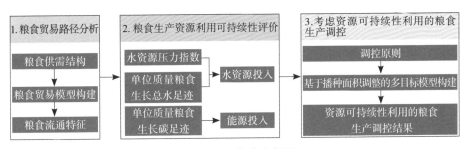

图1-1　研究内容框架

1. 粮食贸易路径分析

①粮食供需结构。分析粮食生产、消耗特征及区域差异，识别区域粮食供需类型（如缺粮区、余粮区）。

②粮食贸易模型构建。结合我国粮食供需情况，基于粮食供需平衡原理以及多区域投入产出模型，构建我国粮食贸易网络。在此基础上，结合黄河流域粮食供需特性，提取黄河流域粮食对外贸易特性。

结合黄河流域交通信息、粮食供需结构，综合考虑多种粮食流通运输方式，以粮食运输费用最低为目标，构建黄河流域粮食内部贸易网络。

③粮食流通空间特征分析。根据我国及黄河流域粮食贸易分析结果，揭示粮食流通特征。

2. 粮食生产资源利用可持续性评价

①粮食生产、贸易水足迹量化。分析粮食生产、粮食流通贸易过程水足迹空间特征，揭示粮食生产水足迹影响的空间异质性。

②粮食生产、贸易碳足迹量化。面向粮食生产、贸易过程，运用碳足迹概念评价粮食生产、贸易过程中的能源消耗碳排放，分析能源消耗碳排放空间分布特征。

③粮食生产资源利用可持续性评价。基于水资源压力指数、单位质量粮食生长总水足迹、碳足迹，建立基于水足迹、碳足迹联合的粮食生产资源利用可持续性评价方法，评估双重投入的粮食生产资源利用相对效率，进而确定粮食生产资源利用可持续性等级。

3. 考虑资源可持续性利用的粮食生产调控

①确定作物播种面积调控原则。基于粮食生产资源利用可持续性评价结果以及作物净产量状况确定作物播种面积调控原则。

②基于播种面积调整的多目标模型构建。在作物播种面积调控原则的基础上，以流域粮食生产水足迹、碳足迹最小和粮食产量最大为目标，以水资源利用总量控制红线以及粮食安全等为约束，构建资源可持续性利用的黄河流域粮食生产调控多目标优化模型，以减少粮食生产的资源投入，促进水生态环境可持续发展。

③资源可持续性利用的粮食生产调控结果分析。分析调控前后作物播种面积、作物产量、灌溉水量、碳排放等的变化情况，并分析水资源节约量的经济价值。

第三节 研究方案和技术路线

本研究以粮食生产、贸易中的水生态环境可持续性为研究主题，聚焦黄河流域，引入多区域投入产出模型、水足迹、碳足迹、广义数据包络分析、标杆管理、播种面积调整等理论技术，横跨多种学科进行深入研究。具体研究方案和技术路线如下。

（1）收集、整理资料，建立研究区基础数据信息库。综合应用国家统计数据、遥感数据、实地调查数据、水文气象观测站数据，建立研究的基础数据库和信息库，主要包括区域人口、粮食产量、耕地面积、农作物播种面积、实际水资源利用量等统计数据，以及代表性水文站、气象站水文气象资料，研究区域空间地理信息。

（2）粮食产量、消耗量估算。以人口、畜牧业生产状况、国内生产总值、播种面积、粮食产量、种子利用量等统计数据集为基础，采用数理统计、面板数据分析等方法，面向黄河流域三种主要粮食作物（小麦、玉米和稻谷），估计黄河流域市级行政区粮食产量、消耗量，通过对比粮食供给与消耗的差异性，分析黄河流域市级行政区粮食供需关系，确定粮食供需类型如余粮区及缺粮区，分析区域粮食安全。

（3）黄河流域外部粮食贸易路径研究。根据我国各省级行政区粮食产量及消耗量数据，将粮食供需平衡原理与多区域投入产出模型相结合，模拟我国粮食贸易特性，量化我国省际粮食贸易流通量。分析粮食流通特征，并绘制省际主要粮食流通地图。在此基础上，提出作物净产量权重法，根据省际粮食贸易特性，提取黄河流域外部粮食贸易特性。

（4）黄河流域内部粮食贸易路径研究。基于（2）中的粮食产量及消耗量估计结果，结合流域交通信息、考虑多种粮食运输方式，以运输费用最小为目标，构建黄河流域内部粮食贸易网络。采用线性规划方法确定黄河流域内部粮食流通情况（数量、结构、通道等），分析粮食流通特征，并绘制黄河流域市级行政区之间粮食流通地图。

（5）粮食生产、贸易水足迹评估。水足迹、碳足迹均来自生态足迹，是实现可持续发展过程中客观评估人类活动的一种指标。水足迹、碳足迹均反映了为获取人类生存所必需消耗的粮食，直接与间接需要的水资源、能

9

源，相较传统水资源、能源利用效率评价方法，足迹理论更加全面、系统。本研究中的粮食生产和贸易水足迹考虑了粮食生产与贸易流通两个过程。粮食生产过程水足迹研究：基于降水量、灌溉水量等气象数据、农业统计数据，采用Penman-Monteith公式、有效降水量计算法、作物生产水足迹量化方法等计算各区域小麦、玉米、稻谷三种主要农作物生产过程中的蓝水足迹、绿水足迹和总水足迹，并对水足迹空间分布特性进行分析。贸易流通过程水足迹研究：基于粮食流通特征、粮食转移量等衡量了粮食转移过程中伴随的虚拟水转移状况，分析虚拟水流出、流入的空间分布特征。

（6）粮食生产、贸易碳足迹评估。本研究中的粮食生产、贸易碳足迹同样考虑了粮食生产和贸易流通两个过程。粮食生产过程碳足迹研究：量化了农用物资（例如化肥、农药、农膜等）以及能源（例如灌溉电力消耗、农用机械利用的化石能源消耗等）投入等产生的碳排放并对其空间分布特征进行分析。贸易流通过程碳足迹研究：考虑了粮食转移过程中伴随的隐含碳转移状况，并分析隐含碳流入、流出的空间分布特征。

（7）粮食生产资源利用可持续性评价。基于水足迹、碳足迹联合思想，本研究建立了粮食生产资源利用可持续性评价方法。鉴于同时考虑水资源和能源两种投入的粮食生产资源利用相对效率评价研究相对较少，且暂无明确的标杆，本研究首先获取我国单投入资源利用效率先进区。采用Kolmogorov-Smirnov和Anderson-Darling检验法检验单位粮食产量的水资源投入和能源投入是否满足统计学规律，并选取适合的概率分布拟合该变量，以适宜频率作为标准，确定单投入资源利用效率先进区。然后，取两种单投入资源利用效率先进区的交集，本研究认为其是同时考虑水资源和能源两种投入的粮食生产资源利用效率标杆地区。最后，基于双投入的粮食生产资源利用效率标杆以及广义数据包络分析，计算不同地区双投入单产出的粮食生产资源利用相对效率，并将粮食生产资源利用相对效率划分不同等级，如弱、较弱、中等、较强、强等，确定不同地区的粮食生产资源利用可持续性等级。

（8）考虑资源可持续性利用的粮食生产调控。以黄河流域内部粮食贸易网络为基础，根据粮食生产资源利用可持续性评价结果以及净产量设置播种面积调控原则，以流域粮食生产水足迹最小、碳足迹最小和粮食产量最大为目标，以流域用水总量红线、粮食安全等为约束，构建基于作物播种面积调整、考虑资源可持续性利用的粮食生产调控多目标模型，以减少粮食生产中水资源和能源的投入。具体技术路线如图1-2所示。

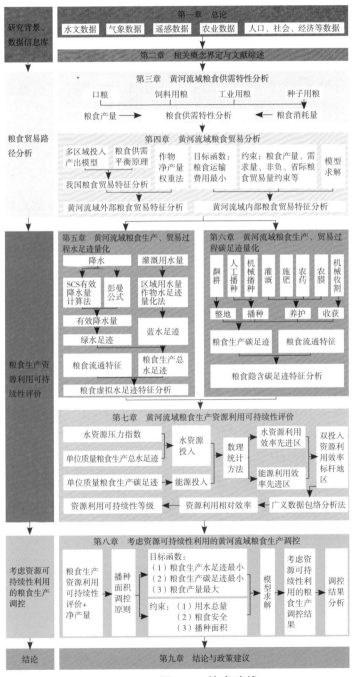

图1-2 技术路线

第四节　研究关系网络

综合考虑灌溉用水、碳排放、粮食安全的黄河流域粮食生产资源利用可持续性评价及调控的研究关系网络如图1-3所示，主要展示各章节的具体联系。

在第一章和第二章数据收集整理的基础上，第三章的主要目的是进行黄河流域粮食产量、消耗量计算，并推求净产量，进而进行粮食供需特性分析。

第四章依托粮食供需特性分析（第三章的研究结果），构建黄河流域外部和内部粮食贸易模型，分析黄河流域粮食贸易特性。

第五章引入水足迹的理论，量化黄河流域粮食生产过程的水资源利用量以及贸易过程中的水资源转移量。

第六章引入碳足迹的理论，量化黄河流域粮食生产过程农用物资和能源利用的碳排放以及贸易过程中的碳转移量。

第七章根据第五章水足迹和第六章碳足迹的计算结果，构建基于水足迹、碳足迹联合思想的我国粮食生产资源利用可持续性评价方法。进而根据资源利用相对效率，进行可持续性评价研究。

第八章基于第七章的黄河流域粮食生产资源利用可持续性评价结果，制定粮食播种面积调控原则，进而构建以粮食生产水足迹、碳足迹最小和粮食产量最大为目标，以播种面积、用水总量控制红线、市级行政区粮食安全（调控后产量仍需满足第三章阐述的当地粮食需求）、黄河流域粮食安全（调控后产量需满足第三章阐述的黄河流域内部粮食需求以及第四章阐述的黄河流域外调粮要求）为约束的考虑资源可持续性利用的粮食生产调控模型。

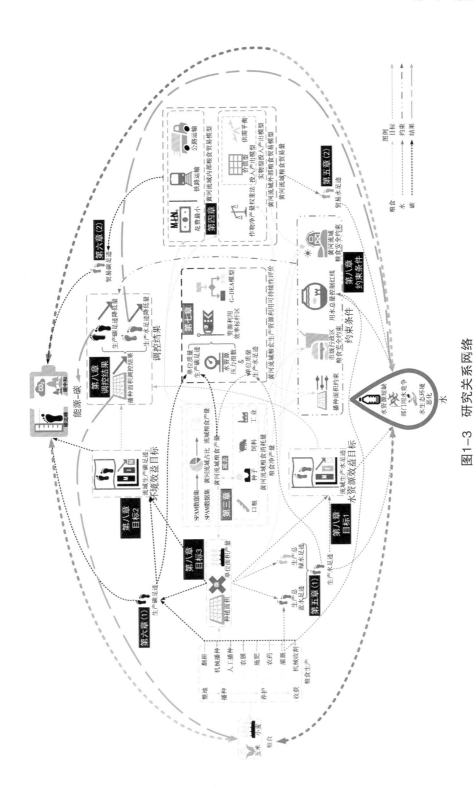

图1-3　研究关系网络

第五节　研究区域概况

一、地理位置及行政区划

黄河发源于青藏高原巴颜喀拉山北麓，自西向东流经青海、四川、甘肃、宁夏、内蒙古、陕西、山西、河南、山东九省（区），最后注入渤海。河流全长约5464 km，是我国第二大长河，流域面积约79.5万平方公里，各省（区）流域面积如表1-1所示。青海省内的黄河流域面积最大，接下来依次是内蒙古、甘肃、陕西、山西、宁夏、河南、四川，山东省内的黄河流域面积最小。

表1-1　各省（区）黄河流域面积

单位：万平方公里

省（区）	青海	四川	甘肃	宁夏	内蒙古	陕西	山西	河南	山东
面积	15.22	1.70	14.32	5.14	15.10	13.33	9.71	3.62	1.36

数据来源：《黄河水资源公报 2018》。

二、自然环境条件

1. 地形与地貌

黄河流域地域广阔，各地区地形地貌迥异。总体地势西高东低。流域自西向东大致横跨三大地形阶梯，第一阶梯主要是指流域西部的青藏高原，由一系列高山组成，海拔约在3000 m以上。第二阶梯大致以太行山为东界，海拔1000～2000 m，包括内蒙古高原和黄土高原等地貌单元。第三阶梯自太行山以东至滨海，由黄河下游冲积平原和鲁中南山地丘陵组成，海拔一般在500 m以下。

2. 气象特征

流域内气候大致可分为干旱、半干旱和半湿润三个类型，兰州以西的流域大部分地区为半湿润区；兰州以东的流域，西北部为干旱区，南部和东南部为湿润区，其余为半干旱半湿润区。整体来看，黄河流域中、上游大部分属大陆性季风气候，降水量少且时间分配不均，水分蒸发量大。黄河流域多年平均降水量为466 mm，年水面蒸发量为700～1800 mm。受地形地貌、大气环流、季风等因素的影响，流域不同地区的气候差异显著，主要流域气候特征如下。

日照：黄河流域是我国日照时间长、平均日照率高的地区。流域年日照时数为1900～3400 h，平均日照率为50%～75%。流域全年日照时数整体呈现出由西北向东南递减的趋势。

气温：黄河流域多年气温一般在–4～14 ℃，流域内气温四季分明，冬季气温低，夏季气温高。流域年平均气温整体呈现出由西北向东南递增的趋势。年平均气温最低地区主要位于青藏高原，最高地区位于下游平原丘陵区。东西向温度变化幅度大于南北向温度变化幅度。流域内上游平均气温为1～8 ℃，中游为8～14 ℃，下游为12～14 ℃。

降水：流域气候四季分明，降水具有地区分布不均和年际、年内变化大的特点。冬季降水少，夏季雨量充沛，年降水量的70%左右集中在6～9月。降水最多的是流域东南部湿润、半湿润地区，如秦岭、伏牛山及泰山等地，年降水量超过800 mm。流域北部的干旱地区降水量最小，如宁蒙河套平原年降水量只有200 mm左右。

3. 水资源条件

流域多年平均径流量约为535亿立方米，仅占全国2%的径流量。且径流具有年际变化大、年内分配集中、空间分布不均等特征。沿黄河流域省（区）的水资源利用状况如表1-2所示。鉴于我国多区域投入产出模型数据每隔5年更新一次且目前最新数据年份为2017年，所以，表1-2中的水资源数据以2017年为例，数据来源于《黄河水资源公报 2017》。

表1-2 2017年沿黄河流域省（区）用水量（包括地表水和地下水）

单位：亿立方米

省（区）	农田灌溉	林牧渔畜	工业	城镇公共	居民生活	生态环境	合计
青海	8.40	3.03	1.40	0.86	1.53	0.61	15.83
四川	0.10	0.05	0.03	0	0.08	0	0.26
甘肃	25.42	2.95	6.87	2.33	3.71	1.27	42.55

（续上表）

省（区）	农田灌溉	林牧渔畜	工业	城镇公共	居民生活	生态环境	合计
宁夏	53.37	6.07	5.56	0.98	1.96	2.47	70.41
内蒙古	74.69	6.34	7.16	0.92	3.49	3.50	96.10
陕西	32.73	7.25	12.05	2.74	10.76	3.22	68.75
山西	30.99	1.59	9.44	1.98	7.42	2.27	53.69
河南	39.93	3.62	13.90	2.16	7.41	7.70	74.72
山东	69.96	2.34	10.58	1.79	5.45	4.43	94.55
河北	2.00	0.10	0	0	0	0.20	2.30
合计	337.59	33.34	66.99	13.76	41.81	25.67	519.16

表1-2显示，流域内农田灌溉用水量为337.59亿立方米，约占流域总用水量的65.03%，农业灌溉是黄河流域的最大用水户。工业用水量约占总用水量的12.90%，用水量占比由高到低接下来依次是居民生活（8.05%）、林牧渔畜（6.42%）、生态环境（4.94%）、城镇公共（2.65%）。内蒙古是流域的最大用水省（区），用水量约占流域总用水量的18.51%，接下来依次是山东（18.21%）、河南（14.39%）、宁夏（13.56%）、陕西（13.24%）、山西（10.34%）、甘肃（8.20%）、青海（3.05%），四川和流域外河北省的用水量均不超过流域总用水量的1%。

三、社会经济概况

黄河流域主要社会经济指标［人口以及国内生产总值（GDP）］详见表1-3。2017年黄河流域覆盖区域总人口约13663万人，约占全国总人口的10%。流域内人口分布不均，黄河流域陕西地区人口居首位，接下来依次为河南、山西、甘肃、山东、内蒙古、宁夏、青海、四川。2017年，黄河流域覆盖区域的GDP约为74673亿元，约占全国的9%。内蒙古、陕西、山西、河南、山东等地区的经济发展水平相对较高，5个省（区）的GDP约占全流域的86%。黄河流域人口和GDP处理过程详见本章第六节的数据来源及数据处理过程介绍。

表1-3　2017年黄河流域社会经济指标

经济指标	青海	四川	甘肃	宁夏	内蒙古	陕西	山西	河南	山东	合计
人口/万人	484	10	1845	682	1041	2999	2442	2538	1622	13663
GDP/亿元	1902	20	5018	3326	9490	18596	10746	14365	11210	74673

四、农业生产概况

黄河流域三种主要粮食作物播种面积、粮食总产量等数据如表1-4所示，数据处理及计算过程详见本章第六节的数据来源及数据处理过程介绍。黄河流域流经省（区）的小麦、玉米、稻谷三种作物总产量占区域粮食总产量的92%以上（详见《中国统计年鉴2018》），因此，本研究仅研究了这三种主要粮食作物，并未考虑薯类等。另外，本研究并未考虑黄河流域流经的四川，原因一：四川取用黄河流域的水量较少，以2017年为例，《黄河水资源公报》显示四川的取水量为0.26亿立方米，当年全流域总取水量为519.16亿立方米；原因二：四川属黄河流域的面积较小，仅占约2%；原因三：黄河流域在四川主要流经阿坝藏族羌族自治州（简称阿坝州），而阿坝州的相关资料较为短缺；原因四：空间数据集提取四川阿坝州黄河流域小麦、玉米、稻谷的产量几乎为0。

表1-4　2017年黄河流域农业生产指标值

省（区）	播种面积/千公顷			产量/万吨			人均粮食产量/（千克/人）		
	小麦	玉米	稻谷	小麦	玉米	稻谷	小麦	玉米	稻谷
青海	91	14	—	31	12	—	64	25	0
甘肃	549	665	1	165	316	2	89	171	1
宁夏	123	306	81	38	215	69	56	315	101
内蒙古	229	925	1	42	543	1	40	522	1
陕西	892	886	2	388	447	1	129	149	0
山西	541	1079	0	275	639	0	113	262	0
河南	1123	828	55	721	461	39	284	182	15
山东	606	639	1	384	426	1	237	263	1
合计	4154	5342	141	2044	3059	113	150	224	8

表1-4表明，小麦和玉米是黄河流域两种主要的粮食作物，流域稻谷产量较少。黄河流域作物播种面积、粮食产量、人均粮食产量存在较大地域性差异，黄河流域青海省境内的粮食产量相对较少。黄河流域小麦、玉米、稻谷播种面积约为4154千公顷、5342千公顷和141千公顷，约占全国的16.95%、12.60%和0.46%。黄河流域小麦、玉米、稻谷产量约为2044万吨、3059万吨和113万吨，约占全国的15.22%、11.81%和0.53%。全流域小麦、玉米人均产量为150千克/人和224千克/人，超过全国人均产量（我国2017年小麦和玉米人均产量为97千克/人和186千克/人）。流域的粮食产量对保障流域的粮食安全以及全国的粮食安全具有重要意义。

第六节　数据来源

一、气象数据

本研究所采用的月尺度气象数据主要来源于中国气象数据网（http://data.cma.cn/）。月尺度气象资料包括降水量（mm）、最低气温（℃）、最高气温（℃）、平均温度（℃）、相对湿度（%）、平均风速（m/s）、日照时数（h）、气压（Pa）等气象要素，同时也包括气象站经纬度和海拔等数据。对于缺测数据，采用线性内插法进行补充。本研究的研究时段为2006—2018年（考虑到我国多区域投入产出数据每隔5年发布一次，最近3次的年份依次为2007年、2012年以及2017年，选取2006—2018年数据，时间序列可覆盖上述我国多区域投入产出模型数据发布的三个年份），后续农业数据以及人口、社会、经济等数据的时间序列均为2006—2018年。

二、水文数据

为获得黄河流域各市级行政区的用水量资料，本研究收集了流域各市级行政区及黄河流域省级行政区用水数据，数据主要来源于《黄河水资源公报》、各省（区、市）水资源公报以及水利部黄河水利委员会。本研究综合考虑我国各省（区、市）水资源公报数据，选取时间段2011—2018年进行后续研究（《山东省水资源公报》2010年以及之前无地级市灌溉用水量资料）。

三、农业数据

考虑到我国统计数据（粮食产量、粮食消耗量、播种面积、国内生产总值、人口、农用物资投入等）大多以行政区作为数据收集基本单元，无法直接反映流域特性，本研究首先利用联合国粮食及农业组织推荐的SPAM（Spatial Production Allocation Model）2010全球空间数据集提取黄河流域的粮食产量以及播种面积占市级行政区全区播种面积的比例。然后通过收集各市级行政区全区的主要作物产量、作物播种面积（数据来源于各省/地级市/盟/州的统计年鉴），进而获得黄河流域数据。部分市级行政区的播种面积、粮食产量无法获取时，采用SPAM提取黄河流域播种面积/粮食产量占省级行政区全区的播种面积/粮食产量比例，进而对流域数据进行推求。同样基于SPAM空间数据集对流域不同作物的灌溉面积进行推求。本研究首先根据SPAM空间数据集计算流域不同作物灌溉面积占播种面积的比例，然后根据作物播种面积推求出各地区不同作物的灌溉面积。作物灌溉定额来源于各省（区、市）《行业用水定额》《中国农业需水与节水高效农业建设》以及《中国主要作物需水量与灌溉》。农药使用量、农用机械作业的能源投入来源于文献收集。种子用量、化肥用量、农膜用量等数据来源于《全国农产品成本收益资料汇编》。我国各省（区、市）粮食消耗量数据主要来源于国家粮食局国家粮油信息中心发布的《食用谷物市场供需状况月报》和《饲用谷物市场供需状况月报》。

四、人口、社会、经济等数据

本研究根据从NASA社会经济数据和应用中心（Socioeconomic Data and Applications Center，SEDAC）下载的2020年人口空间分布图确定黄河流域人口占市级行政区全区人口的比例，进而根据这个比例和市级行政区统计人口计算黄河流域人口。各地级市/盟/州的人口资料（常住人口数）来源于各省/地级市/盟/州的统计年鉴。为了获得黄河流域的饲料粮食消耗量，本研究首先计算市级行政区肉类产量占省级行政区肉类产量的比例，进而根据这个比例和省级行政区饲料粮食消耗量计算市级行政区饲料粮食消耗量，然后根据黄河流域占市级行政区的面积比例，计算黄河流域的饲料粮食消耗量。为了确定黄河流域的工业生产粮食消耗量，本研究根据中国科学院地理科学与资源研究发布的2015年我国GDP空间分布公里网格数据集，确定各市级行政区黄河流域的GDP占全省GDP的比例，然后根据这一比例和全省工业生产粮食消耗量计算黄河流域的工业生产粮食消耗量。

第二章 相关概念界定与文献综述

第一节 相关概念界定

一、粮食安全

习近平总书记强调，"中国人的饭碗任何时候都要牢牢端在自己手上"[①]。粮食安全内涵丰富，目前并没有统一的界定方法，粮食安全的概念是随着时代发展而动态演变的。

1. 国际粮食安全

1974年，联合国粮农组织召开第三届世界粮食会议，首次提出粮食安全概念，将其定义为"保证任何人在任何时候都能够得到为了生存和健康所需要的足够食品"[②]。自此之后，联合国粮农组织不断修订该定义。1983年，粮食安全的定义为"确保所有人在任何时候既能买得到又能买得起他们所需要的基本食品"[③]，强调"买得到"和"买得起"。1996年，粮食安全的定义为"在个人、家庭、国家、区域和全球层面，所有人在任何时候都能从物质上和经济上获得充足、安全和营养的食物以满足他们的饮食需求和食物偏好，从而过上积极健康的生活"[④]，强调了品质与消费者喜好等，该定义得到广泛认可。2001年，随着环境的不断恶化，《世界粮食不安全状况 2001》发布，自此之后，社会各界广泛认识到实现粮食安全要避免竭泽

---

① 《"中国人的饭碗任何时候都要牢牢端在自己手上"——习近平重视粮食安全的故事》，见中华人民共和国中央人民政府网站（https://www.gov.cn/xinwen/2021-07/04/content_5623006.htm）。

② United Nations, 1974. Report of the World Food Conference.

③ FAO, 1983. World Food Security: A Reappraisal of the Concepts and Approaches.

④ FAO, 1996. World Food Summit. https://www.fao.org/3/w3613e/w3613e00.htm.

而渔，要充分认识粮食安全、质量和生态的关系。粮食安全的定义也在不断地进步和完善。

2. 中国粮食安全

我国粮食安全主要可分为宏观粮食安全和微观粮食安全两方面。宏观粮食安全和微观粮食安全分别指满足国家的粮食需求和满足家庭的粮食需求。由于我国人口众多，粮食安全通常指的是国家层面的粮食安全。

我国的粮食安全概念/观念也在不断地丰富和拓展。1992年，我国政府将粮食安全定义为"能够有效地解决全体居民以数量充足、结构合理、质量达标的包括粮食在内的各种食物"[①]。1996年，我国发布了《中国的粮食问题》白皮书，明确提出，在正常情况下，我国的粮食自给率不低于95%。在经济全球化不断发展的今天，粮食安全已由单纯的粮食生产供应，推广到储藏、加工、流通和贸易等领域。我国的粮食保障体系日趋完善，我国特色粮食安全之路越走越稳健。

二、虚拟水和水足迹

1. 虚拟水

虚拟水是由Tony Allan于1993年提出的概念，指的是生产商品和服务所需要的水资源量。虚拟水用于衡量水资源隐形转移的数量。虚拟水主要有以下三个基本特征。

（1）非真实性。虚拟水不是实体水，是以无形的方式包含在产品或服务中的"看不见"的水。

（2）社会交易性。虚拟水是通过商品交易即贸易来实现的。没有贸易，则无虚拟水。商品和服务交易越多，虚拟水就越多。

（3）转移的便捷性/易转移性。实体水转移通常需要花费大量的人力、物力，且会对生态环境造成较大影响。相对于运输实体水来说，虚拟水的转移更加便捷，商品运输的同时伴随虚拟水的转移。

2. 虚拟水贸易

虚拟水贸易是从水资源利用的角度提出来的，在开放经济下，一个国

---

① 《粮食安全：在保障民生与经济发展中行稳致远》，见河北省粮食和物资储备局网站（http://lswz.hebei.gov.cn/lysc/hyxw/201808/t20180813_28589.html）。

家或地区（一般是贫水国家或地区）通过产品贸易的形式，从另一国或地区（一般是丰水国家或地区）购买水（资源）密集型产品，从而使水资源以虚拟水的形式在国际间流动，这种交换形式被定义为"虚拟水贸易"。虚拟水贸易可以缓解进口国或地区的水资源压力，为贫水国家或地区提供一种替代水资源供给的经济有效的途径。虚拟水贸易研究能够有效核算贸易流动中包含的水资源量，对新型水资源观念的树立、水资源的合理高效配置具有重要意义，同时可以利用区域以外水资源开源为本地区节流，缓解水资源压力。

虚拟水贸易研究中经常使用的概念如下。

（1）虚拟水含量：是指生产该产品或提供某项服务所需要的水资源量。

（2）虚拟水进口量：一个国家或地区的虚拟水进口量是其进口的产品或者服务中所蕴含的虚拟水资源，也就是出口国家或地区生产这些产品或提供这些服务所消耗的水资源量。

（3）虚拟水出口量：一个国家或地区的虚拟水出口量是其出口产品或者服务中所含的虚拟水资源，也就是生产所有用于出口的产品或提供出口服务所需要的水资源量。

3. 虚拟水战略

虚拟水战略是基于国际贸易理论，利用自身的相对比较优势，出口水资源消耗较少的产品，进口水资源消耗较多的产品，从而实现自身效益的最大化。由于丰水国家或地区生产单位产品所需的水资源量比贫水国家或地区要低，而且水资源利用的外部成本也相对小，因此从经济角度看，丰水国家或地区向贫水国家或地区提供水密集型产品，可以帮助贫水国家或地区节省实体水资源，也可以促进全球和国家（地区）范围内的水资源优化配置。

4. 水足迹

Hoekstra在2002年基于虚拟水理论，创立了水足迹（water footprint）这一概念，用来衡量用水状况。其定义为：在一定的物质生活水平下，一个国家、一个地区或一个人，在一定时间内所消费的所有有形产品和无形服务所需的直接和间接水资源总量。因此，水足迹包括直接水足迹和间接水足迹两部分，同时也可以分为绿水、蓝水和灰水足迹。

（1）绿水：指储存在非饱和土壤层中的降水，非地表径流。

（2）蓝水：指储存在河流、湖泊、湿地以及浅层地下水层中的水资源。

（3）灰水：指将污染负荷稀释至高于特定环境水质标准所需淡水的体积。

水足迹与虚拟水既有联系也有区别。一方面虚拟水是水足迹研究的基础，是水足迹计算的核心要素，二者均可用来分析人类生产和消费、水资源利用和管理之间的联系；另一方面，水足迹是虚拟水研究的扩展和延伸，与虚拟水相比，其研究范围从参与交易商品中的理论用水量拓展到了从个人到国家在生产商品及消费中包含的用水量的计算，由虚拟水的生产者角度拓展到消费者角度，水足迹概念除了包含水资源消耗量信息，还涉及产品的生产地、水资源消耗类型、水污染量等信息。

作物生长水足迹由水足迹的概念引申而来，相关定义如下。

（1）作物生长水足迹：指生产单位质量作物所消耗的水资源和稀释污染负荷的用水量，可分为蓝水足迹、绿水足迹和灰水足迹。

（2）作物生长绿水足迹：下渗到非饱和土壤层中的降水，包括植物生长发育利用的绿水资源和植被蒸散消耗的绿水资源，是垂向进入大气的不可见水。

（3）作物生长蓝水足迹：指农产品在生长阶段消耗的蓝水（地表水和地下水）资源数量。在作物生长中消耗的蓝水通常以灌溉用水来表示。

（4）作物生长灰水足迹：指用于稀释农作物生产和加工过程中造成水质污染以使废水达到环境水质标准的用水量。

三、碳足迹

1. 碳足迹相关概念

目前，国内外已开展了大量关于碳足迹（carbon footprint）的研究，不少学者也都提出了个人对于碳足迹概念的定义，但是国际上仍没有形成统一的学术定义。各国学者对碳足迹均有不同的理解，如在碳足迹度量单位的选择、温室气体种类的范围和界定研究边界上都有较大争议。应用较广的是Wiedmann和Minx提出的概念，他们认为碳足迹是一项活动全过程中直接和间接产生的CO_2总量，或者是产品或服务在其全生命周期累积的CO_2总量。

碳源：《联合国气候变化框架公约》将碳源定义为"向大气排放温室气体、气溶胶或温室气体前体的任何过程或活动"。

碳汇：碳汇是碳源的相反概念。《联合国气候变化框架公约》将碳汇定义为"从大气中清除温室气体、气溶胶或温室气体前体的任何过程、活动或机制"。

2. 农业碳足迹相关概念

农业碳排放：农业领域人类活动所引发的温室气体排放。

农业碳足迹：根据碳足迹的概念，农业碳足迹可表述为农业活动释放到大气中或从大气中吸收的温室气体的量。农业碳足迹的核算不仅有助于农业减排潜力评价，还有助于低碳农业管理措施的制定。

农业碳源：简单来说是农业活动所释放的CO_2总量。农业碳源包括直接碳源（如利用农业机械耕地、播种和收获等过程的能源消耗）和间接碳源（如在使用化肥、农药、农膜等农业生产资料过程中，在农业上游部门的碳排放）。

农业碳汇：简单来说是由于农作物的光合作用吸收并贮存在作物或土壤中的有机碳。

四、作物种植结构

作物种植结构是指在一定的历史条件下，根据社会对农产品的需求，某一地区或生产单位形成的各类作物的种类、品种、面积及其比例结构，并在时间、空间、季节和环境上进行合理配置，同时考虑相应的产值构成。

农业种植结构优化是指依据当地作物生长环境及资源禀赋，在一定的约束条件下，调整农作物种类、面积及空间布局，在研究区域内将有限的、可利用的农业资源进行合理分配，从而达到提高作物水分利用效率及当地种植业经济总效益或其他预先设定的某种目标，使区域以有限资源实现经济、社会及生态环境等效益的最大化。

五、生态效率

生态效率（eco-efficiency）是衡量经济、社会、环境和资源之间协调发展的重要指标。该指标最早由德国学者Schaltegger和Sturm于1990年提出。他们将生态效率定义为社会经济的增加值与其对环境的影响之比。随着生态环境的恶化，生态效率研究日趋深入。具有代表性的是1992年世界可持续发展工商理事会阐述的生态效率概念：其认为生态效率是指在进行生产经营活动中，在为人们提供产品或服务、提升社会福利的同时，兼顾考虑产品或服务生命周期内生产经营活动对环境的影响，要将对地球的影响降到最低，并将影响控制在生态可承载的范围内。生态效率概念强调了提高效率和降低环境影响的双重重要性。农业生态效率是生态效率在农业生产中的拓展，主要是指在农业生产的过程中，在获得更多产品的同时，尽量维护生态环境。

六、比较优势理论

比较优势理论是大卫·李嘉图基于绝对优势理论提出的。该理论主要用于分析在开放条件下，一国应如何安排国内生产和消费的结构，以最大化国民福利水平。比较优势主要包括比较成本优势和资源禀赋优势。该理论常用于国际贸易分析，指出出口国应出口具有"比较优势"的产品，进口具有"比较劣势"产品。将该理论应用于农业生产，可为农业种植结构调整提供转型依据。例如，在水资源比较丰富的地区，农产品灌溉用水量效率较高，成本投入相对偏低，产品具有更高优势。因此，在种植结构调整过程中，国家或地区可根据比较优势理论，发展具有比较优势的农产品，以提高当地农业竞争力。

七、可持续发展理论

1. 可持续发展理论的内容、原则和内涵

可持续发展是一种创新的理念，它平衡了当今人类的需求和未来人类的需求。它要求在促进经济增长的同时，保护维持人类生命的自然资源和环境，以及实现社会、生态和经济等方面的和谐，为人类长期福利打下坚实的基础。可持续发展的概念源于人类对自然的重新思考和对自身发展道路的探究。1962年，海洋生物学家蕾切尔·卡逊呼吁人类重视发展中的环境问题。1972年，罗马俱乐部发布《增长的极限》报告，警告人类必须改变不可持续的资源利用方式。1983年，联合国成立世界环境与发展委员会，并于1987年提交一份名为《我们共同的未来》的报告，正式提出可持续发展的概念。此时，可持续发展被定义为"满足当代人需求而不危及后代人满足其需求能力的发展"。随后，联合国通过了一系列相关文件，可持续发展理念逐渐被各国人民接受并成为普遍共识。2015年联合国可持续发展峰会通过了《2030年可持续发展议程》，精细确定了可持续发展目标（Sustainable Development

Goals, SDGs）框架，包含17项可持续发展目标和169项具体目标。议程的核心内容依然是实现社会、经济、环境的协调可持续发展。可持续发展主要包括以下三大基本原则。

（1）公平性原则。公平性是指机会选择的平等性，包括代际公平和代内公平两个方面。代际公平强调在发展问题上要足够公正地对待后人，当代人的发展不能以损害后代人的发展能力为代价；代内公平强调任何地区、任何国家的发展，不能以损害别的地区和别的国家的发展为代价，特别要注意维护发展中国家和地区的需求。

（2）持续性原则。可持续发展的持续性不仅包括自然生态，还包括经济和社会。自然持续性要求经济发展要与自然承受能力相协调；经济持续性强调经济增长的必要性，而不是以环境保护为名取消经济增长；社会持续性强调社会公平是发展的重要因素和环境保护得以实现的机制。

（3）共同性原则。可持续发展关系到全球的发展。可持续发展着眼的不是某个国家或某个地区的发展，而是全人类的发展。

2. 中国可持续发展战略

我国于1994年制定了《中国21世纪议程——中国21世纪人口、环境与发展白皮书》，首次将可持续发展战略纳入我国经济和社会发展的长远规划中。该议程强调，可持续发展与科学进步密切相关，一方面要加强科技手段，实现经济进步与环境保护的协调；另一方面，要普及可持续发展的理念，促进清洁生产。1997年，党的十五大将可持续发展战略作为我国"现代化建设中必须实施"的战略。2002年，党的十六大将"可持续发展能力不断增强"作为我国全面建设小康社会的目标之一，确立了"可持续发展"的地位。可持续发展已成为我国长期发展的指导原则，为发展提供重要理论依据。

3. 农业可持续发展理论

我国环境保护委员会在《中国21世纪议程——中国21世纪人口、环境与发展白皮书》中定义了可持续农业的内涵。农业发展要充分考虑经济发展和环境影响两方面。农业可持续发展的关键在于实行技术变革、机制改革，维持生态环境的良性循环，合理利用资源，提高农业生产效率，形成环境友好、农民增收的发展模式。

第二节　粮食贸易分析研究进展与述评

为摸清黄河流域粮食贸易特性，且考虑到流域统计数据的缺乏，本研究拟订首先根据数据较为丰富的我国统计数据进行粮食贸易特性分析，进而细化提取分析黄河流域粮食贸易现状。我国粮食产量、消耗量的不平衡使得我国的粮食流通量较大。根据区域分类可将粮食贸易分为国际粮食贸易和国内粮食贸易，在国际粮食贸易和国内粮食贸易方面，学者们进行了一系列的研究。

一、国际粮食贸易研究进展

韩冬和李光泗（2020）构建了"一带一路"粮食贸易网络，从社会网络学视角分析了贸易网络发展特性。基于对2012—2017年数据的分析，指出我国在该粮食贸易中的地位有所提高。刘林青和闫小斐（2021）通过国际粮食网络构建，探讨了125个经济体的网络格局演变机制。其研究结果指出：国际贸易正在不断均衡化，我国应该进一步提高国际影响力，确保我国粮食安全。Huan和Liu（2023）利用耦合模型、复杂网络分析和数学规划，对全球总农产品贸易过程中的水、能源、肥料、粮食等贸易流进行了量化，指出以加拿大、巴西和中国的农业贸易为例，最大的收益国是基里巴斯和纽埃。罗秀丽等（2021）基于中心模型和空间错位指数方法，对全球粮食格局进行了研究，并建议我国加大农业供给侧改革，同时要尽可能减少全球贸易对我国的影响，保障我国粮食安全体系。吕梦轲等（2021）利用净贸易计算法、香农熵指数法分析了我国四种粮食作物的国际贸易特性，并基于对1987—2016年的数据分析指出：未来我国可适当减少从美国、澳大利亚等国的粮食进口，而增加从哈萨克斯坦、阿根廷、俄罗斯等国的粮食进口。王介勇等（2021）考虑三种主要作物——小麦、玉米、稻谷，采用复杂网络分析方法，构建了1994—2016年全球粮食贸易网络，并通过分析粮食贸易网络的关键影响因素，提出应逐步提高我国在国际粮食贸易中的地位。

二、国内粮食贸易研究进展

Deng等（2020）采用多区域投入产出模型和CROPWAT模型等分析了我国的粮食贸易特征以及伴随的虚拟水转移特性。其研究发现，我国粮食贸易虚拟水转移量约为749亿立方米，相当于2012年总用水量的12.2%。另外，虚拟水从水资源相对短缺区转移到水资源相对充裕区。Dong等（2019）以云南省为例，采用多区域投入产出模型量化了虚拟水流动，研究表明，云南是虚拟水净出口区，主要出口到广西、湖南、新疆等地。沈晓梅等（2023）构建水资源拓展的投入产出模型对农业虚拟水进行量化，指出长三角地区用水矛盾突出，表现为依赖区域外农业虚拟水流入。

丁雪丽等（2018）基于社会公平性原则（即假定不同区域粮食的价格相等，进而推求出各地区粮食需求量）并以省际粮食贸易的运输费用最小为目标，构建线性优化模型，估算我国粮食省际贸易的虚拟水流动格局。研究同样指出，我国省际虚拟水流动主要从水资源较为短缺区向丰富区运输，同时提出未来应加强实体水与虚拟水的共同管理，以更好地促进生态安全。郭相平等（2018）基于贸易公平原则法，根据距离远近模拟了省际粮食贸易，指出我国粮食虚拟水流动整体呈现由北向南的格局。东北地区作为主要虚拟水流出地区，未来更应该重视节水管理，促进高效农业发展。

An等（2021）利用线性优化模型评估了我国省际粮食贸易伴随的虚拟水流动特性，结果表明我国虚拟水流动主要从北方流向南方，对北方地区造成负面影响。Dalin等（2014）采用线性规划模型量化了我国省际虚拟水流动特性。钱海洋（2020）通过构建粮食运输成本和膳食结构差异全局最小的多目标线性优化模型，指出2015年我国呈北粮南运格局。王鑫（2016）运用社会公平法和引力法两种方法，对我国省际粮食贸易及虚拟水转移特性进行分析。研究指出，我国省际粮食贸易量不断增加，并发现我国虚拟水主要从水资源高压力区转出，间接加重了粮食输出区负担。张启楠等（2018）引入距离分量方法同样发现我国虚拟水呈由北到南的流动格局。

三、国内外研究述评

综上所述，目前因为国际贸易数据的统计较为全面，我国开展了大量国际粮食贸易研究。但是，由于国内缺少相关统计数据，如存储贸易等数据，国内粮食贸易方面研究相对较少。另外，根据上述的国内粮食贸易研究进展可知，关于国内的粮食贸易研究，目前学者们主要采用不同的方法来定量量化贸易特征，如社会公平性原则、粮食就近贸易模型、运输费用最小模型、投入产出模型等。鉴于国内无详细明确的省际贸易资料，无法明确何种方法更能反映真实情况。不同的模型均基于多种假定，存在各自的优势与不足。例如，社会公平原则虽然计算简单，但结果可能过于理想，与实际不符。粮食就近贸易模型基于就近原则，优点在于考虑了空间位置的影响，但主观判断影响较大，使得不确定性增强。基于线性规划求解的贸易成本最小化、机会成本最大化等模型，考虑了粮食运输方式、运输距离等成本要素，但考虑到粮食贸易产生的经济效益未必是粮食贸易的主要因素，该方法的驱动考虑不够全面。基于投入产出模型的方法量化贸易量，考虑了现状的物流特征等，量化较为准确，但无法实现单一产品的量化。

第三节　作物水足迹及农业水资源利用可持续性评价研究进展与述评

我国粮食生产依赖大量的水资源。我国人均水资源占有量较低，水资源供需矛盾紧张，这将严重影响农业的可持续性发展及粮食生产。开展农业水资源利用量核算（主要采用水足迹量化）及农业水资源利用可持续性评价，对保障粮食安全具有重要意义。本节从粮食生产水足迹、粮食贸易水足迹（粮食贸易过程中伴随的虚拟水流动）、农业水资源利用可持续性评价三方面来论述国内外学者研究进展。

一、国外研究进展

1. 粮食生产水足迹

（1）蓝水足迹。Bazrafshan等（2023）分析了伊朗杏仁的水足迹，指出杏仁生产过程中80%的水资源来自灌溉，20%来自雨水。Bocchiola（2015）指出二氧化碳排放的增加会导致意大利水稻灌溉蓝水足迹增加。Chapagain

和Hoekstra（2011）对全球水稻蓝水足迹、绿水足迹、灰水足迹进行了量化，指出蓝水足迹、绿水足迹、灰水足迹占比分别约为44%、48%、8%。Gebremariam等（2021）研究了埃塞俄比亚北部以灌溉为主的棉花和绿豆的水足迹。基于CROPWAT模型计算，结果表明，棉花的平均水足迹约为2745立方米/吨，其中绿水足迹、蓝水足迹的贡献率分别约为35%和65%。绿豆的平均水足迹约为6561立方米/吨，其中绿水足迹、蓝水足迹的贡献率分别约为7%和93%。Mekonnen和Hoekstra（2011）基于水量平衡模型对全球所有农作物水足迹集进行了估算。结果表明，1996—2005年全球农产品蓝水足迹、绿水足迹、灰水足迹占比分别约为12%、78%、10%。Mullick等（2020）分析了孟加拉国水稻生产水足迹的时空分布特征。结果表明，由于总水稻产量的不断增加，水稻总水足迹也不断增加，给当地的旱季水资源利用带来了较大压力。中北部地区的蓝水资源压力相对较大。未来的粮食生产需进一步考虑水资源的可持续性利用。Munro等（2016）在对南非柑橘的研究中指出枯水年的蓝水足迹高于丰水年。Rusli等（2023）基于水–能源–粮食纽带，分析了马来西亚水稻生产水足迹，指出水稻耗水量与产量不成正比，整个水稻生产阶段消耗了大量的灌溉用水，比例约为90%。

（2）绿水足迹。De Miguel等（2015）开发了CWU模型，对西班牙杜罗河（Duero）流域作物水足迹进行了量化，指出绿水足迹占比最高，约为59%。El-Marsafawy和Mohamed（2021）研究了埃及作物的水足迹，结果表明，埃及作为世界上的干旱国家，绿水足迹对作物生产的贡献率相对较小；埃及农作物蓝水足迹加上绿水足迹的数值约为680立方米/吨，低于全球平均水平。Elbeltagi等（2020）研究了气候变化对小麦、玉米生产水足迹的影响，结果表明，埃及尼罗河三角洲西部地区的蒸发量在气候变化的影响下预计会增加，同时气候变化会减少西部和东部的绿水足迹。Ewaid等（2019）利用CROPWAT和CLIMWAT模型研究了伊拉克的15个省的小麦水足迹，提出提高雨养区的产量以减少灌溉水需求量。Lopez和Bautista-Capetillo（2015）估算了干豆的绿水足迹和蓝水足迹，指出应对雨养地区作物播种时间进行深入研究，以确保拥有最合适的绿水条件。Platis等（2023）利用生命周期法研究了希腊西部柑橘、猕猴桃、橄榄等的水足迹和碳足迹，指出绿水足迹占比较高，提出应考虑农业环境指数，选取可持续的作物种植方案，以实现生态环境保护。

（3）灰水足迹。Chukalla等（2018）基于系统评估模型对1993—2012年西班牙半干旱环境下灌溉玉米种植的灰水足迹进行研究，结果指出，灰水足迹与粮食产量之间存在权衡关系，协调减少无机氮肥和灌溉用水量有助于减少水污染，但同时会造成产量的降低。Crovella等（2022）研究了地中海地区的水足迹构成，指出灰水足迹在当地的占比较高，且相比于标准生产模式，综合农业高产模式有助于降低灰水足迹。Rodriguez等（2015）量化了阿根廷Buenos Aires氮肥对马铃薯灰水足迹的影响，研究指出，当地灰水足迹的占比最高，约占43.6%，氮肥使得地下水污染风险升高。Roudbari等（2023）评价了伊朗北部水稻的灰水足迹，结果表明，灰水足迹在总水足迹中占比较大，约为46%～86%；作者建议采用污染负荷计算方法以提高计算精度。

2. 粮食贸易水足迹

Brindha（2017）对1986—2013年出口作物和牲畜产品进行了贸易水足迹量化。研究指出，印度为虚拟水净出口国，主要出口区为亚洲国家。Chapagain等（2006）研究得出，全球农产品贸易每年可以为全球节约352 Gm^{3}的水资源，约占全球农业用水的6%。Chen等（2018）研究了全球不同地区160种作物的蓝水需求量。基于多区域投入产出模型，分析了全球贸易过程中伴随的蓝水流动过程。其研究结果表明，美国、日本、中国以及印度是蓝水利用较大的地区，另外蓝水足迹主要从资源丰富但欠发达的地区运往资源贫乏但发达的地区。Gumidyala等（2020）利用PCR-Global水量平衡模型计算了美国和美国出口农业商品贸易中利用的不可持续地下水资源量，研究结果表明，美国2002年全国范围内约有26.3 km^{3}的不可持续地下水转移到国内其余地区，另外美国每年转移到国外的不可持续地下水量约为2.7km^3；2012年，相应数据分别为34.8 km^{3}和3.7 km^3。Hoekstra和Hung（2005）对1995—1999年全球贸易虚拟水进行研究，结果表明，全球各国作物年虚拟水流量约为695 Gm^3。全球13%的用水量用于出口，主要出口国包括美国、加拿大、泰国、阿根廷和印度，主要进口国包括日本、荷兰、韩国、中国和印度尼西亚。Mekonnen和Hoekstra（2010）通过研究每个栅格的日土壤水分平衡和气候条件，估算了全球小麦蓝水足迹、绿水足迹、灰水足迹，并量化了虚拟水流动特性，结果表明，1996—2005年，55%的小麦虚拟水出口来自美国、加拿大和澳大利亚。Novoa等（2023）量化了智利中部21种主要农作物的水足迹以及虚拟水流动特性。研究指出，流入亚洲、欧洲等的虚拟水量呈上升趋势，苹果、樱桃、草莓和核桃等是主要的虚拟水流出作物。Weinzettel和Pfister（2019）基于多区域投入产出模型对全球的农业贸易以及水足迹转移进行了量化，结果表明，进口国外资源有利于减少当地资源消耗，尤其是可缓解干旱地区的水资源压力，如中东地区、葡萄牙、墨西哥等地；此外，他们还指出，在未来的国家贸易中，各国应不断探索，进而减少贸易引起的水资源短缺问题。

3. 农业水资源利用可持续性评价

Das等（2015）构建了水土资源决策支持系统并应用于印度的一个多灌溉目标工程。其研究结果表明，该地区综合利用87%的地表水以及13%的地下水可更好地促进当地水资源的可持续性利用发展，同时粮食产量也可满足当地需求。Gheewala等（2014）研究了泰国10种主要作物的水足迹，结合水分胁迫指数评价了作物对用水的影响，提出作物可持续生产建议。Mekonnen和Hoekstra（2020）分析了全球作物生产蓝水足迹的可持续性及效率，结果表明，目前全球57%的作物生产蓝水足迹是不可持续的，其中小麦、稻谷和棉花占总不可持续作物生产蓝水足迹的54%，不可持续蓝水利用的国家主要位于中东和中亚地区。Novoa等（2019）以智利的Cachapoal流域为研究对象，开展了流域农业水足迹的可持续性评价，研究结果表明，在干旱年，流域上游地区的蓝水足迹呈不可持续利用特征，同时灰水足迹也不可持续，流域水质遭到破坏。Singh（2014）总结了水资源联合利用方式对可持续性灌溉农业发展的影响，同时对联合用水的方法进行了综述和讨论，并指出综合仿真优化模型更有利于水资源管理，循环用水比混合用水更有优势。Zarezadeh等（2023）将SWAT优化模型与水足迹可持续性评价指标相结合，探究了节水措施对水资源可持续性的影响，提出政策文件应进一步考虑水资源分配、反弹效应、经济损失补偿等。

二、国内研究进展

1. 粮食生产水足迹

（1）蓝水足迹。崔红艳（2021）采用了CROPWAT分析并指出，2005—2016年吉林省玉米生产水足迹呈增长趋势，省内西部蓝水足迹相对较高。高洁等（2021）以宝鸡峡灌区为研究对象，计算了灌区作物生长蓝水足迹、绿水足迹，结果表明小麦对蓝水资源的依赖度下降，未来灌区应进一步高效利用绿水足迹，以节约当地水资源。金谦等（2018）指出新疆的农作物蓝水足迹占比高达91.31%。Long等（2021）对1990—2015年塔里木河流域作物水足迹进行量化，指出当地蓝水足迹占比超77%。马驰等（2021）的计算揭示了中亚五国农作物水足迹，结果指出蓝水足迹呈减少趋势，乌兹别克斯坦为蓝水足迹减少最多的国家。Sun等（2013）在对河套灌区的研究中发现当地蓝水足迹超过90%。吴普特等（2017）强调应充分发挥旱作区的节水灌溉技术，促进灌溉用水降低，节约蓝水资源。

（2）绿水足迹。盖力强等（2010）针对华北平原地区探讨了绿水的重要性，指出华北平原玉米生长主要依赖绿水资源。毛俊等（2018）对河南省玉米种植区开展研究，也指出玉米更加依赖绿水资源，占总生产用水的80%以上。秦丽杰等（2012）对吉林省西部的玉米开展研究，结果表明绿水足迹占比超过80%，雨养对当地玉米生长具有重要作用。孙才志等（2010）揭示了我国的绿水占用指数空间分布，结果表明绿水占用指数高值区主要位于黄淮海地区，低值区位于西部。孙世坤等（2015）对全国小麦水足迹展开研究，指出新疆地区的绿水足迹占比仅为11.87%，而南方地区高于80%，绿水足迹呈从西北到东南递增的趋势。陶明锋等（2022）探索了两广（广东、广西）地区的木薯水足迹，指出木薯绿水足迹高于蓝水足迹，水足迹具有很高的空间相关性和空间集聚性。

（3）灰水足迹。曹连海等（2014）基于短板原理计算了河套灌区灰水足迹，指出节水灌溉有利于降低灰水足迹，推广节水技术可降低负面环境效应。程鹏等（2020）核算了承德市农业灰水足迹，指出灰水足迹季节性差异较大，雨季灰水足迹显著高于旱季，约为旱季的10.65倍。姜旭海等（2021）研究了陕西省2000—2018年的作物灰水足迹时空分布特征，研究表明关中平原地区灰水足迹相对最高，当地应着力调整施肥、种植模式以降低灰水足迹。孙才志等（2016）核算了1998—2012年我国31个省（区、市）涵盖工业、农业、生活等的灰水足迹，指出农业灰水足迹对总灰水足迹的贡献最高。张郁等（2013）对黑龙江垦区化肥造成的灰水足迹进行了研究，结果表明水稻高产区的污染较重。张宇等（2015）开展了华北平原1986—2010年冬小麦–夏玉米灰水足迹研究，指出当地灰水足迹高于德国和美国等地，并建议华北平原控制化肥施用量、提高肥效及耕作技术以减少环境污染。

2. 粮食贸易水足迹

（1）区域尺度研究。程国栋（2003）研究了西北五省（区）的虚拟水消费量与节水量，大力倡议国家加强虚拟水战略研究，促进水资源良性循环。刘健（2020）量化了湖北省与省外的虚拟水贸易量，结果指出2012—2017年湖北省农产品虚拟水呈流出态势，平均每年流出170亿立方米虚拟水，大米和植物油为主要虚拟水流出产品，玉米是虚拟水流入产品。刘显（2021）研究了西北地区粮食生产水足迹，并对贸易虚拟水流动状况进行了相应分析，结果表明西北地区粮食虚拟水的流出会给本就干旱的西北带来更为严峻的挑战。王红瑞等（2007）利用投入产出法对北京市粮食虚拟水贸易进行了分析，指出北京是农产品虚拟水流入区，年虚拟水流入量约为北京市年产水资源总量的5.93%，虚拟水进口有利于缓解当地水资源压力。卓拉等（2020）以作物生产水足迹和虚拟水流动为基础，量化了2000—2014年黄河虚拟水流动特性，结果指出，黄河作物虚拟水流动规模显著增加。

（2）国家尺度研究。马静等（2006）分析指出我国1999年北粮南运的虚拟水量约为184亿立方米，指出跨流域调水工程与虚拟水战略相结合，有助于更好地保障水安全。Sun等（2016）以我国为研究对象，对虚拟水流动特性进行了综合分析，结果表明，东北地区和黄淮海地区是主要粮食主产区和虚拟水流出区；虚拟水出口地区水资源短缺的压力普遍增大，当地的粮食生产可持续性有待进一步探讨。孙才志等（2014）构建了1999—2010年我国农产品虚拟水流量关系矩阵，结果表明，东北、黄淮海和长江中下游是农产品虚拟水主要流出区。Wang等（2014）计算了中国31个省区市间的粮食贸易量以及水资源转移量，结果表明东北较发达地区从欠发达的西部进口约83.5 Gm^3的虚拟水，其中蓝水约为33.2 Gm^3，较丰水的南方从贫水的北方进口约77.5 Gm^3的虚拟水，其中蓝水约为30.7 Gm^3。姚懿真（2018）研究了我国粮食作物的水足迹，并进行了虚拟水转移特征分析，研究结果表明，北粮南运将导致北方地区水资源压力逐步扩大。Zheng和Sun（2023）运用多区域投入产出模型、耦合理论、地理探测器等方法分析了我国虚拟水的近程和远程空间格局、变化趋势。Zhuo等（2016）研究了1978—2008年中国22种作物的水足迹以及贸易量，结果同样表明与中国作物贸易相关的虚拟水模式呈现从北方（缺水）流向南方（水资源丰富）的特点。

（3）国际尺度研究。柯兵等（2004）估算了我国2010和2030年的粮食虚拟水进口量，分别约为880亿立方米和950亿立方米，并提出通过虚拟水战略促进我国水资源可持续性利用。刘幸菡和吴国蔚（2005）对2000—2002年我国虚拟水贸易量进行了测算，指出在农产品领域，我国是虚拟水净输入国家，每年约进口400亿立方米的虚拟水。马超等（2011）研究了我国2005—2009年的农产品贸易水资源特性，结果表明，我国每年约有900亿立方米的虚拟水净输入，并指出我国应努力改变农产品贸易结构的单一格局，促进贸易伙伴多元化。马涛和陈家宽（2006）指出1996—2001年我国粮食贸易净进口约328亿立方米的虚拟水，同样指出虚拟水贸易有助于缓解水危机、提高全球水资源利用效率，为节水提供了新思路。Wei等（2022）分析了"一带一路"农作物虚拟水贸易特性，结果指出，2001—2017年，绿水足迹是"一带一路"沿线国家的主要作物生产用水，我国处于虚拟水贸易顺差状态，东南亚国家是我国最大的农作物进出口国。Zhang等（2016）通过对2001—2013年我国农产品贸易分析同样发现我国农产品虚拟水贸易存在贸易顺差，我国虚拟水出口量呈下降趋势而进口量呈上升趋势。

3. 农业水资源利用可持续性评价

操信春等（2018）构建了农业用水效果评价指标，指出农业用水效果空间差异明显，黄淮海平原和西部省区差异较大而东南沿海差异相对较小，北方地区应重视农业用水效果的提升。段巍巍等（2017）通过主成分分析法，从水资源供给、水资源需求、水资源利用效率和水资源利用效益四个方面，研究了北京市农业水资源的可持续性，结果表明，北京市的农业水资源可持续性不断提高，未来应加强相关技术制度以及促进农户节水意识，以进一步提高可持续性。甘容等（2023）基于三维水足迹模型，以水生态赤字与盈余、水压力指数、水资源集约利用指数和水资源可持续指数4个指标构建水资源可持续利用水平指标评价体系，从时间上和空间上分析河南省的水资源可持续利用水平，并且利用对数平均迪氏指数分解法分析水足迹变化的驱动因素。侯新等（2011）构建了农业水资源高效利用评价体系，体系考虑了农业水资源利用效率、高效节水农业可持续性评价等，论文将体系应用于川中丘陵区，结果表明，研究区农业水资源利用水平相对较低，成都地区相对最高，而乐山市最低。王旭等（2015）计算了中卫市7类农产品的水足迹，并对农业水资源利用状况与农业产值进行了对比分析，研究指出，农业产值增长与水资源利用量处于弱"脱钩"状态，经济增长耗费了大量的水资源，未来应大力实施节水战略等以促进农业水资源可持续发展。王玉宝等（2023）从淡水资源作为一种关键自然资本的角度出发，结合三维水足迹、降尺度行星边界和脱钩分析等方法，计算并分析了我国31个省级行政区1998—2020年农业水资源利用的时空变化，结果表明我国农业用水状况整体良好，但区域间农业水资源利用可持续状况差异较大。

三、国内外研究述评

基于国内外研究进展可知，现有的粮食生产、贸易水足迹量化的研究更多集中于粮食生产阶段，对于粮食贸易阶段虚拟水流动特性的分析，尤其是基于粮食贸易特性进行全国范围内的虚拟水流动特性分析以及农业水资源利用可持续性评价的研究仍较少。粮食贸易使得水资源发生了流动并重新分布，如贫水地区通过贸易的方式从丰水地区购买水密集型农产品有利于节约贫水地区的水资源量，可在一定程度上缓解水资源短缺的压力。因此，有必要对作物生产、贸易过程中的水足迹进行量化，以帮助厘清与粮食生产、消费有关的水资源利用量，评价由此产生的可持续状况，为确保粮食安全以及制定节水政策提供依据。

第四节　作物碳足迹及农业能源利用可持续性评价研究进展与述评

在全球粮食生产、贸易过程中，农业物资利用导致了一系列的如面源污染、水环境破坏等问题，同时也产生了大量的温室气体。开展农业能源利用量核算（主要采用碳足迹量化能源消耗碳排放）及农业能源利用可持续性评价，对保障粮食安全、保护环境具有重要意义。本研究从粮食生产碳足迹、粮食贸易碳足迹、农业能源利用可持续性评价三方面来论述国内外学者研究进展，其中粮食贸易碳足迹代表粮食贸易中的隐含碳随着粮食贸易进行转移的过程。

一、国外研究进展

1. 粮食生产碳足迹

（1）农用物资投入（化肥、农药、农膜等）的碳排放。Bajgai等（2019）研究了不丹中部地区氮肥施用对土壤特性、碳足迹等的影响，结果表明，改善当地的氮肥管理有利于提高当地小麦产量以及减少温室气体的排放。Casolani等（2016）对意大利硬粒小麦的碳足迹进行了分析，结果表明，碳足迹空间差异较大，高值区位于北部。Hillier等（2009）量化了苏格兰东部的碳排放，计算结果表明，碳排放总量的75%来自氮肥的使用。Kashyap和Agarwal（2021）研究了稻谷和小麦生长过程中的碳足迹和水足迹，结果表明，秸秆等剩余物燃烧、肥料使用等是小麦、稻谷的主要碳排放来源；另外，他们还强调了政府应加强相关政策的制定，以缓解当地碳排放。Pishgar-Komleh等（2012）对伊朗马铃薯的碳排放进行了调查研究，结果表明，最大的碳排放来源为化肥，尤其是氮肥，间接能源的碳排放贡献率高于直接能源消耗。

（2）灌溉和农机使用导致的碳排放。Barber等（2011）研究了新西兰耕地作物的温室气体排放，核算的范围不仅包括化肥等的使用，还包括机械生产和维护产生的温室气体排放。Nayak等（2023）对印度主要农作物的水足迹和碳足迹进行了量化，研究指出，总碳足迹和总水足迹存在正相关关系，农业投入（化肥、灌溉等）高值地区，也会面临严峻的环境后果。Safa和Samarasinghe（2011）对新西兰坎特伯雷（Canterbury）地区2007—2008年小麦生产的总能耗进行了估算，研究指出，化肥和电力的能耗高于其余能耗。Visser等（2014）分析了澳大利亚棉花全生命周期内的碳足迹，核算的边界包括燃料、土壤、电力、肥料生产、农用物资碳排放等。Yousefi等（2014）对伊朗克尔漫沙赫省（Kermanshah）2011年玉米温室气体排放开展了评价研究，结果表明，氮肥、电力和柴油在总能源投入中占比分别为35%、25%和20%，有效利用能源有利于降低对生态环境的不利影响。

（3）土壤和耕作方式产生的碳排放。Ali等（2017）研究了不同作物管理制度对地中海旱作硬粒小麦碳足迹的影响，研究表明，耕作前的碳排放占比更高，农作阶段的温室气体排放占比约为49%，耕作方式对碳排放影响显著。Lal（2004）指出免耕有利于减少碳排放。Nisar等（2021）量化了印度恒河平原（Indo-Gangetic Plain）西北部地区传统耕作方式、深耕和免耕对玉米–小麦系统碳足迹的影响，研究指出，免耕但覆膜的耕作方式可以减少碳排放，更有利于粮食可持续性生产及可持续性管理。Rahman等（2021）同样指出较少的翻耕有利于降低碳足迹。Yodkhum等（2017）利用生命周期评价法对泰国北部有机水稻的温室气体进行量化，以确定碳减排策略。

2. 粮食贸易碳足迹

Escobar等（2020）采用生命周期评价法研究了巴西生产、贸易过程中的碳足迹，同时分析了大豆出口的隐含碳转移特征，研究结果表明，塞拉多地区的碳足迹最大，然后是亚马孙地区；2010—2015年巴西的隐含碳足迹流出量约为223.46亿吨，其中51%转移到了中国。Liu等（2017）研究了国际贸易中的隐含碳流动过程，研究内容主要包括2种农产品以及4种工业产品，研究结果表明，美国和欧盟的隐含碳进口较高，中国、印度、巴西等发展中国家的隐含碳出口较高，承担了一定量发达国家的碳排放压力。Tantiwatthanaphanich等（2022）基于全球供应链对日本食品消费碳足迹进行了评估，指出水运占食品有关碳排放的75%，与亚太地区以及美国的食品贸易占日本海外食品相关排放量的51%。Virtanen等（2011）基于投入产出数据以及生命周期评价方法分析了芬兰食物链碳排放占其国内温室气体排放的比例，结果表明，芬兰食物链的CO_2、CH_4、N_2O排放量分别约占其国内总排放量的40%、25%以及34%。

3. 农业能源利用可持续性评价

Benbi（2018）研究了印度恒河平原肥料、秸秆利用、灌溉等对碳足迹的影响，并计算了碳可持续性指数，分析了提高碳可持续性的方式，研究结果表明，灌溉和肥料使用是碳排放的主要来源；粮食生产碳可持续性指数随时间不断下降，表明能源利用效率呈降低趋势；认为减少秸秆焚烧、提高集约化农业管理是减少碳排放的重要方式。Dachraoui和Sombrero等（2020）研究耕作方式对碳足迹的影响，以西班牙半干旱区卡斯蒂利亚（Castile）和莱昂（Leon）为研究区域，研究结果表明，合成肥料的使用会增加碳足迹，免耕有利更好地降低玉米碳足迹，更好地促进可持续性农业建设。Dubey和Lal（2009）对印度旁遮普邦（Punjab）和美国Ohio地区的碳足迹和可持续性进行了研究，结果表明碳效率高的系统比低效的耕作系统更具有可持续性。Singh等（2020）指出总碳排放当量随着总能量投入呈线性增加趋势，焚烧水稻秸秆的方式不可取，该方式会降低土壤有机碳含量以及碳足迹可持续性指标数值，不利于可持续性发展。

二、国内研究进展

1. 粮食生产碳足迹

（1）农用物资投入（化肥、农药、农膜等）的碳排放。曹黎明等（2014）利用生命周期评价方法对上海水稻生产碳足迹进行了评估，结果表明，上海水稻降碳的关键在于降低甲烷排放，地区应通过减少氮肥施用量等方式降低作物生长的碳排放。Cheng等（2015）计算了我国农作物的直接和间接碳足迹，指出良好的管理有助于降低农业碳排放。李强等（2019）研究了江苏省盐城市4种作物——玉米、水稻、小麦以及大麦的碳足迹，并指出降低氮肥、提高水资源利用效率可使当地碳足迹不断下降。李颖等（2023）测算2004—2020年10个小麦主产区的化肥碳减排潜力，指出西北地区为小麦碳减排重点区域。Lin等（2015）利用投入产出和生命周期经济法测算1979—2009年我国粮食生产碳排放，指出我国应合理平衡膳食结构，适度减少农业投入尤其是合成肥料。龙洁（2020）基于生命周期评价法量化了北京市5种农作物生产碳足迹，并根据结果提出，未来应积极推进农家肥和有机肥的使用。田云等（2011）从化肥、农药、农膜、柴油等碳源方面测算了1993—2010年我国的碳排放，指出应大力提高农资利用效率、积极优化农业产业结构、树立低碳意识促进节能减排。

（2）灌溉和农机使用能源导致的碳排放。李波和张俊飚（2012）基于投入产出视角，测算1993—2008年我国的碳排放，指出农用柴油的碳排放增长率约为4.77%。李颖等（2013）测算了1990—2011年我国化肥、农药、柴油、灌溉等的碳排放，研究指出，农用柴油碳排放是四类温室气体排放的主要来源，依次是化肥、灌溉、农药。史磊刚等（2011）评价了人为因素引起的碳排放，针对冬小麦-夏玉米的碳排放研究发现氮肥和灌溉电能消耗与碳排放正相关，构建节肥、节水的种植模式是实现节能减排的重要措施。Yan等（2015）与尧波等（2014）指出农业碳排放主要来源于化肥施用与农业机械使用。Wang等（2016）对2011—2014年华北平原的冬小麦碳排放开展田间试验研究，指出改进管理措施有利于降低碳足迹，减少灌溉用电以及氮肥、磷肥等使用量是促进实现低碳农业的重要措施。Zhang等（2023）研究了小麦-玉米种植不同灌溉方式的碳排放，指出相比于局部根区灌溉和漫灌，滴灌可以降低温室气体排放。

（3）土壤和耕作方式产生的碳排放。Gan等（2014）量化了半干旱环境的小麦生产碳足迹，结果表明改进的耕作方式（如夏季休耕、轮作等）可有效降低小麦生产碳足迹。He等（2019）对黄土高原小麦和玉米碳足迹进行研究，结果表明，耕作方式对碳足迹存在影响，免耕和轮作有利于节能减排、清洁生产。季国军等（2023）分析了水稻不同种植方式的碳排放差异，结果表明单位面积碳足迹从大到小依次为抛秧水稻或手插水稻、机插水稻、直播水稻，直播水稻是最为低碳的水稻种植方式。李萍等（2017）在陕西省临汾市的试验基地利用静态箱-气相色谱法测算了在不同秸秆管理和耕作方式下，旱作冬小麦的碳排放，结果表明，秸秆覆盖免耕较其他耕作方式的碳排放更低，为旱田耕作提供科学依据。王上等（2020）分析了华北平原两种种植方式的碳排放，结果表明，对于华北平原地区，春绿豆-夏玉米的种植方式产生的碳排放要低于冬小麦-夏玉米的种植方式。于爱忠等（2018）分析了甘肃河西绿洲灌区玉米农田土壤的碳排放，结果表明半膜覆盖宽窄行种植模式的碳汇效应最强。

2. 粮食贸易碳足迹

陈慧琳（2019）量化了大豆生产的碳足迹，并采用贸易与环境效益模型分析了大豆进口的影响，结果表明，大豆进口可相对降低当地的生产碳足迹。戴育琴等（2016）利用投入产出法测算了2001—2013年我国农产品贸易隐含碳排放量，实证表明，我国农产品出口隐含碳排放呈上升趋势，我国应调整出口结构，积极发展低碳农业，增强全球竞争力。丁玉梅等（2017）利用MRIO模型对2002—2013年我国31个省（区、市）的农产品贸易隐含碳进行了估算，结果表明，我国农产品隐含碳出口呈降低趋势，提出优化农产品出口结构、实施碳转移补偿等政策建议。蒋思坚等（2020）分析了中美贸易摩擦对我国小麦出口的影响，并估算了其对贸易隐含碳的影响，强调了我国粮食生产过程中应不断提高生产效率以及尽可能减少资源投入，以降低作物碳足迹。涂金玲和朱再清（2023）评估了1998—2020年我国粮食双边贸易隐含碳排放量，指出2003年之后，我国一直是粮食隐含碳排放净进口国，主要来源于巴西、美国、阿根廷等。许源等（2013）使用竞争性投入产出模型，评估了1995—2005年我国农产品贸易隐含碳排放，研究指出，我国逐渐成为农产品碳排放净进口国，农产品贸易有利于削减我国碳排放。

3. 农业能源利用可持续性评价

胡世霞等（2016）研究了蔬菜生产碳足迹，探讨了蔬菜生产的可持续发展对策，提出推进科学施肥工作、提高土地规模化经营水平、推广节水灌溉技术等有效降低温室气体排放的策略。孙凯等（2022）基于能值分析体系开展了红米和烤烟作物系统可持续性评价研究，认为增设碳排放和碳固定指标可为可持续性的综合评价提供参考。王磊（2018）量化了农作物生产的碳足迹，并基于土地利用碳强度、利润碳强度、产量碳效益、碳成本等碳足迹评价指标对温室气体减排进行了可持续性评价。结果指出，未来应不断推广生物质产业，以促进低碳农业发展。王心雨（2021）量化了我国粮食生产碳足迹，然后基于IPAT模型进行了粮食生产碳足迹可持续性评价。其研究同样指出，未来应不断优化农作物生产的资源投入，促进绿色发展。王钰乔等（2018）计算了我国小麦的碳足迹，在此基础上，基于碳足迹进行了可持续性评价，结果表明，黑龙江、新疆、云南等地的小麦生产可持续性指数呈现下降趋势。

三、国内外研究述评

基于国内外研究进展可知，现有的粮食生产、贸易碳足迹量化的研究更多集中于粮食生产阶段，对于粮食贸易阶段隐含碳流动特性的分析，尤其是基于粮食贸易特性进行全国范围内的隐含碳流动特性分析以及农业能源利用可持续性评价的研究仍较少。粮食贸易使得碳排放发生了流动并重新分布，例如，在一定程度上提高了粮食进口地区的粮食供给能力，同时降低了粮食进口区的碳排放压力，忽略了粮食贸易隐含碳流动将影响评价区域的可持续状况。因此，有必要对作物生产、贸易过程中的碳足迹进行量化，帮助厘清与粮食生产、消费有关的温室气体排放状况，评价由此产生的可持续状况，为确保粮食安全以及制定碳排放政策提供依据。

第五节　种植结构优化调整研究进展与述评

种植结构优化调整是指基于可持续、比较优势等理念，合理地调整种植结构，以促进社会、经济、环境的协调可持续发展。优化调整种植结构按调整内容划分，大致可分为种植时间、品种、面积、相关技术等。本研究中的调整内容，主要指的是不同作物的播种面积。关于种植结构优化调整，学者们进行了一系列的研究。

一、国外研究进展

农业种植结构优化可以依据目标的不同分为单目标优化和多目标优化。

1. 单目标优化模型

（1）以经济产值最大为目标的研究。Afzal等（1992）以巴基斯坦的灌溉系统为例，利用线性规划模型，推求净效益最大的作物灌溉模式及种植方案。Galán-Martín等（2015）以总收益最大为目标，构建了西班牙地区的种植结构优化模型。Itoh等（2003）考虑了天气影响等不确定性环境，提出了一个具有不确定性的作物线性规划模型，支持考虑不确定性的作物种植结构调整。Pant等（2010）以灌溉净收益最大为目标，对印度喀拉拉（Kerala）地区的作物种植结构进行了研究。Ramos等（2023）构建了生产成本最小化模型和利润最大化模型，确定了墨西哥莫雷洛斯州（Morelos）可食用仙人掌的需求增长和生产模式。Singh等（2012）同样以收益最大为目标，构建了印度哈里亚纳（Haryana）地区的种植结构优化模型。

（2）以节水、生产率等为目标的研究。Chouchane等（2020）充分考虑不同地区水资源禀赋差异和作物生产比较优势，利用线性规划算法推求种植结构调整方案，以在保障粮食安全的同时减少蓝水短缺。El Gafy等（2017）构建了水-粮食-能源纽带系统指数，并进一步基于该指数推求最优种植模式，以减少水和能源利用、提高经济用水和能源生产率。借助于El Gafy的方法，Sadeghi等（2020）在伊朗中央省（Markazi）沙赞德（Shazand）流域，基于水-粮食-能源纽带指数最大化，合理确定水和能源的消费量、大规模生产力和经济生产力，该研究为水土资源管理提供了有效工具。

2. 多目标优化模型

Adeyemo和Otieno（2010）以灌溉用水量、收益以及产量为目标，优化了南非地区的种植结构，通过与单目标优化结果对比，指出多目标模型的解决方案更佳。Fasakhodi等（2010）充分考虑农业系统的社会、经济、环境的高度相关性，引入"净收益/耗水量"和"劳动力就业/耗水量"两种比率，采用多目标优化模型，确定了最优种植模式。Jain等（2021）以作物净效益最大以及施肥量较小为目标，对印度特伦甘纳（Telangana）地区的种植结构进行了研究。Mainuddin等（1997）构建了泰国考虑地下水灌溉的最佳作物规划模型，模型考虑三种来水条件，涵盖两个目标——净经济效益最大和灌溉面积最大，以确保水资源的合理利用。Sedghamiz等（2018）以利润最大化以及绿水比例最大化为目标，构建了伊朗格列斯坦省（Golestan）的最优水资源分配方案及作物种植面积分配方案。Shafa等（2023）开发了多层多目标优化模型，通过多目标遗传算法，对净利润、种植模式、灌溉消耗和总灌溉需求进行了优化。

二、国内研究进展

1. 单目标优化模型

（1）以经济产值最大为目标的研究。陈彩萍等（2007）以塔里木河上游阿克苏地区为例，以农业经济效益最大为目标，通过线性规划模型，在水资源约束下，对种植结构进行了优化调整。梁美社和王正中（2010）以农业经济生产效益增加量最大（即以实施优化方案后与实施优化方案前的经济效益差值）为目标函数，结果表明，调整在一定程度上保证了粮食安全，节约了宝贵的水资源，有利于旱区生态环境改善。刘明春和薛生梁（2003）构建了以作物净收益最大为目标的单目标模型，对河西走廊东部沿沙漠地区的作物种植结构进行调整。孙承志等（2020）以农用物资投入产出综合效益最大为目标，分析了响水镇农作物种植结构优化调整方案。许拯民（2005）以种植作物综合净经济效益最大为目标，开展了河南省郏县的种植结构调整。

（2）以节水、生产率等为目标的研究。陈敏等（2017）构建了考虑水足迹的区域作物种植结构分式规划模型，使有限的农业水资源实现高效利用。Dai等（2021）将农作物收益与总水足迹的比值定义为经济水生产率，通过模糊规划模型得出淮河流域最佳的作物种植模式，调整模式可以减少该地区的蓝水和灰水，从而提高经济用水生产力。Fu等（2016）以农业用水量费用最小为目标，对三江平原的种植结构进行了优化。付国睿等（2019）在丰水年以单位水足迹的粮食种植收益最大为目标，在平水年以单位水足迹粮食产量最大为目标，在枯水年以水足迹最小（含蓝水足迹与绿水足迹）为目标，推求了铁岭市粮食作物种植结构优化方案，为缓解粮食安全与水资源短缺的矛盾提供了解决思路。李亚婷（2016）构建了农作物单位虚拟水产值最优单目标函数，结果表明，种植结构调整可以减少农业用水量，提高农业产值。殷琳琳和尹心安（2020）以单位面积水足迹净收益最大为目标，构建了我国的粮食种植结构调整模型，旨在实现耗水量最小、环境影响最小且收益最高的理想种植结构。郑田甜等（2019）以星云湖流域为研究对象，以种植业化肥流失量最低为目标函数，以种植面积、粮食需求、经济状况等为约束构建线性规划模型，推求2020年种植结构适宜方案。

2. 多目标优化模型

陈敏等（2017）以农业净收益最大以及区域作物种植灌溉水量最小为目标，提出了青海省三江源区的种植结构优化方案。陈守煜等（2003）利用多目标模糊优化模型对种植结构进行了优化，为灌区水资源分配提供了理论依据。郭萍等（2021）针对黄河水量逐年减少和农业面源污染日趋严重等因素导致的内蒙古河套灌区农业用水短缺、生态环境不断恶化的问题，同时考虑经济目标（净经济效益最大）、社会目标（基尼系数最小）、资源目标（蓝水利用率最小）、生态目标（粮食生产灰水足迹最小），对灌区有限的水资源进行了合理配置。李建芳和粟晓玲（2013）细分了农产品虚拟水中的蓝水和绿水，建立了以农业净效益最大、虚拟蓝水资源量最小、农作物绿水利用率最大为目标的农业种植结构优化模型。马林潇等（2018）以农产品经济产值最大和农业用水量最小为目标，对新疆玛纳斯县种植结构进行了研究。马细霞等（2016）构建了考虑经济效益（农业净效益最大）、节水效益（灌区总灌溉需水量最小）、虚拟水效益（灌区消耗虚拟水最小）、生态效益（农田生态服务价值最大）的灌区种植结构多目标优化模型，结果表明，基于虚拟水贸易的种植结构调整有利于缓解水资源压力，提高综合效益。王璐等（2021）以经济效益、生态效益最大及灌溉耗水量最小为目标，对白洋淀上游的种植结构进行了优化调整。Wang等（2021）以经济效益最大化和化肥污染最小为目标探索了丰水年辽宁省最优种植结构。张志彬（2020）等以经济效益和节水效益为目标，开展了山东省的农作物种植结构调整研究。张家欣等（2023）以水资源消耗量最小、生态安全和经济效益最大化为目标，以耕地资源、水资源和粮食安全为约束条件，对西北旱区种植结构进行调整研究，为水资源可持续性利用提供了重要参考价值。周惠成等（2007）指出农业系统实质是社会-生态-经济复合系统，并以净经济效益最大、粮食产量最大、生态服务价值最大等为目标，建立基于相对有序度熵的种植结构调整合理性评价模型，为可持续发展种植业研究以及灌溉水资源的合理利用提供理论依据。

三、国内外研究述评

基于国内外研究进展可知，目前学者们在作物种植结构优化调整方面取得了一定的研究成果。最初调整研究大多关注单一因素，以利益最大化或粮食安全或节约水资源为目标，具有一定的局限性。

随着可持续概念的提出与深入，如何保障社会、经济、环境效益并重，已成为种植结构调整的基本要求。在水资源短缺区，在研究目标在利益最大化等的基础上，进一步考虑了节约水资源等目标，有少部分研究再进一步考虑了如污染物排放等的生态目标，研究目标不断多样化。种植结构优化算法也在不断改进，由单目标规划向智能优化算法演变。

总体来看，种植结构调整研究对碳排放的关注较少，同时引入水足迹以及碳足迹进行作物种植结构调整的研究还不多，有待进一步研究。另外，研究大多针对小区域，大流域/区域种植结构调整也是需要进一步解决的问题。

第六节　研究进展述评及本书研究重点

总体来说，目前学者们在粮食贸易分析、粮食生产资源利用可持续性评价（水资源和能源）以及种植结构优化调整等方面开展了一系列研究，并取得了一定的成果。但是，目前还存在一些不足之处，主要表现在：①高分辨率的省际粮食贸易网络分析较为短缺；②粮食生产、贸易水足迹和碳足迹考虑较为片面，大多集中于农作物生长阶段，粮食贸易虚拟水及隐含碳分析仍较少；③研究多为对粮食生产过程中水资源、能源消耗等单方面的研究，单一资源利用分析无法全面反映粮食生产面临的压力，统筹考虑水足迹、碳足迹进行粮食生产资源利用可持续性评价较为缺乏；④引入水足迹、碳足迹进行作物种植结构优化调整的研究相对短缺，且大多针对小区域尺度。如何量化粮食贸易量，将水足迹、碳足迹与粮食生产资源利用可持续性评价及调控进行衔接，是应重点关注的内容，是当前的热点与难点，同样也是本书的重点。

　　考虑到在进行粮食贸易分析时，各种模型都存在优缺点，且投入产出模型的量化相对而言可以较好地反映现状流通特征（该方法在粮食贸易分析中的应用相对较少），本书采用多区域投入产出模型对我国粮食进行了省际分作物的粮食贸易网络分析，以丰富粮食贸易路径研究体系；基于贸易网络，量化黄河流域粮食生产、贸易全阶段的水足迹和碳足迹，进而开展流域粮食生产资源利用可持续性评价；最后基于可持续性评价结果、作物播种面积调整开展考虑资源可持续性利用的粮食生产调控研究。本书可以为未来粮食流动路径规划提供参考，为水、环境、粮食生产的可持续性发展提供依据。

第三章　黄河流域粮食供需特性分析

本章的主要目的是基于现有我国粮食产量、消耗量数据，推求黄河流域粮食产量、消耗量、净产量变化趋势；摸清黄河流域在我国粮食生产、消耗中的地位，并进行黄河流域粮食供求关系分析。本章的研究可为流域粮食生产规划、粮食贸易政策制定等提供参考依据。

第一节　黄河流域粮食产量、消耗量推求方法建立

一、黄河流域粮食产量推求方法建立

目前，我国现有的粮食产量相关数据大多以省级行政区为单位进行收集，并未对流域的相关数据进行单独统计。尽管采用实地调查和人工统计等方式收集的统计数据准确性、可靠性较高，但数据量相对有限，主要是对较宽尺度的特定区域的数据进行收集。因此，统计数据很难捕捉统计单元内部的要素差异性。遥感数据尽管受到混合像元、大气、地形、尺度转换等多因素的影响，数据准确性相对低于统计数据，但其丰富的时空信息也为数据短缺地区以及精细尺度研究提供了可能性。因此，本章基于省级行政区统计数据，采用统计数据与遥感数据相结合的方式，推求流域尺度粮食生产量。多源数据融合方法可以解决单一数据源的局限性，提高信息获取准确性，促进行政区内部区域差异性分析。

本章基于联合国粮食及农业组织推荐的SPAM空间数据集对黄河流域的粮食产量进行提取，该空间数据集提取的数据基本与我国统计数据量级及空

间分布相一致。遥感数据与统计数据相结合的计算过程简要介绍如下：基于SPAM空间数据集估算各市级行政区黄河流域粮食产量占各行政区全区粮食产量的比例，同时假定该占比保持不变（考虑到现有覆盖我国粮食产量的SPAM数据集仅更新至2010年），即可根据各市级行政区全区各年粮食产量推求各市级行政区黄河流域粮食产量。示意图如图3-1所示。

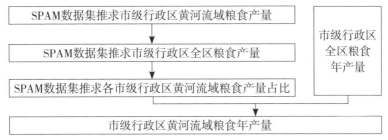

图3-1 黄河流域粮食产量推求

黄河流经的地级市/盟/州如表3-1所示。表3-1中的莱芜于2019年划归济南市管辖，但由于本研究的研究时段为2006—2018年，因此，仍将莱芜单独列为一个地级市。

表3-1 黄河流域流经地级市/盟/州

省（区、市）	青海	甘肃	宁夏	内蒙古	陕西	山西	河南	山东
地级市/盟/州	果洛1	白银9	固原18	包头23	宝鸡30	大同38	安阳49	滨州59
	海北2	定西10	石嘴山19	阿拉善24	商洛31	晋城39	鹤壁50	德州60
	海东3	甘南11	吴忠20	巴彦淖尔25	铜川32	晋中40	济源51	东营61
	海南4	兰州12	银川21	鄂尔多斯26	渭南33	临汾41	焦作52	菏泽62
	海西5	临夏13	中卫22	呼和浩特27	西安34	吕梁42	开封53	济南63
	黄南6	平凉14		乌海28	咸阳35	朔州43	洛阳54	济宁64
	西宁7	庆阳15		乌兰察布29	延安36	太原44	濮阳55	莱芜65
	玉树8	天水16			榆林37	忻州45	三门峡56	聊城66
		武威17				阳泉46	郑州57	泰安67
						运城47	新乡58	淄博68
						长治48		

注：市级行政区后数字为其排序号，主要用于下文图表绘制。

二、黄河流域粮食消耗量推求方法建立

与我国粮食产量统计数据较为一致，现有粮食消耗量数据大多以省级行政区为单位进行收集（详见《食用谷物市场供需状况月报》以及《饲用谷物市场供需状况月报》），流域数据并未单独统计。鉴于此，本章根据国家粮油信息中心发布的两种月报数据，并通过遥感数据与统计数据相结合的方式，推求流域口粮、种用粮、饲料用粮以及工业用粮这四种统计口径的粮食消耗量。然后，再将四种统计口径数据相加，获得各市级行政区黄河流域粮食消耗量，如图3-2所示。简要过程介绍如下。

（1）口粮消耗量。基于国家粮油信息中心发布的两种月报数据，推求省级行政区/全国人均口粮消耗量，进而根据黄河流域人口推求市级行政区流域口粮消耗量。

（2）种用粮。基于国家粮油信息中心发布的两种月报数据，推求单位播种面积的种用量，将其结果乘以黄河流域作物播种面积即可推求市级行政区流域种用粮。

（3）饲料用粮。通过查阅文献可知，饲料粮食消耗量与肉类产量等密切相关。因此，本章基于国家粮油信息中心发布的两种月报数据以及市级行

图3-2 黄河流域粮食消耗量推求

政区全区肉类产量占全省（区、市）肉类产量比例，首先推求市级行政区全区饲料用粮，然后根据黄河流域占市级行政区的面积比例，推求市级行政区黄河流域饲料用粮。

（4）工业用粮。基于国家粮油信息中心发布的两种月报数据以及黄河流域GDP占全省GDP的比例，推求市级行政区黄河流域工业用粮。

第二节 黄河流域粮食产量结果分析

为明确黄河流域粮食产量在全国的地位，本节首先对我国粮食产量进行了分析，然后分析了黄河流域的粮食生产状况。

一、我国粮食产量分析

根据收集的粮食产量数据，绘制了我国小麦、玉米、稻谷年产量图（图3-3）。我国31个省（区、市）的小麦、玉米、稻谷年产量如图3-4至图3-6所示。

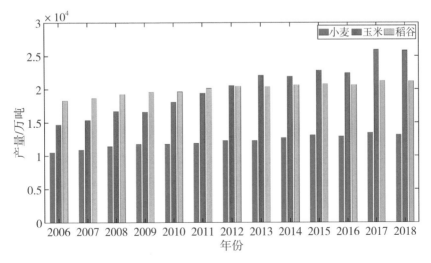

图3-3 2006—2018年我国小麦、玉米、稻谷年产量

通过图3-3可以看出，我国小麦、玉米、稻谷的总产量呈递增趋势。与2006年粮食产量相比，2018年小麦、玉米、稻谷产量分别增加了约25%、75%和16%。玉米增速最高，尤其是2017年以来，这主要是由于玉米主产区的产量增速相对较大，如黑龙江玉米产量增长了225%、吉林增长了41%、内蒙古增长了147%、山东增长了48%、河南增长了50%、辽宁增长了46%，31个省（区、市）的玉米年产量资料详见图3-5。小麦主产区产量同样呈现增长趋势，例如河南小麦产量增长了26%、山东增长了31%、河北增长了26%、安徽增长了66%、江苏增长了58%（具体资料详见图3-4）。稻谷主产区的粮食产量同样呈现递增趋势，如黑龙江增长了123%、江西增长了18%、江苏增长了9%、湖北增长了29%（具体资料详见图3-6）。

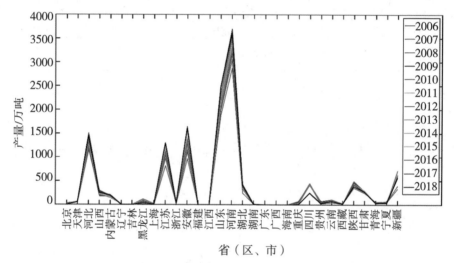

图3-4　2006—2018年我国31个省（区、市）小麦年产量

由图3-4可知，我国小麦主产区主要位于黄淮海地区，主要包括河南、山东、河北、安徽、江苏等地。从小麦年均产量来看，2006—2018年，河南的年均产量最大，超3000万吨，然后是山东，其年均产量超过2000万吨，河北、安徽、江苏等地年均产量超1000万吨。新疆的小麦年均产量超过500万吨，陕西、四川、湖北、甘肃、山西、内蒙古等地年均产量介于100万吨和500万吨之间，其余地区的小麦年均产量均低于100万吨。

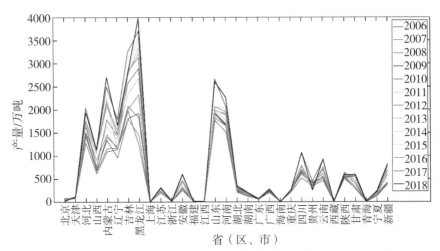

图3-5 2006—2018年我国31个省（区、市）玉米年产量

由图3-5可知，我国的玉米主产区主要位于东北三省、黄河下游以及内蒙古等地。从玉米年均产量来看，2006—2018年，黑龙江的玉米年均产量居我国首位，超过2500万吨，接下来依次是吉林、山东，这两个地区的玉米年均产量超过2000万吨。河南、河北以及内蒙古的玉米年均产量超过1500万吨，辽宁年均产量超过1000万吨。山西、四川、云南、新疆、陕西等地年均产量超过500万吨，甘肃、安徽、贵州、湖北、重庆、广西、江苏、宁夏、湖南等地年均产量超过100万吨，其余地区的玉米年均产量均低于100万吨。

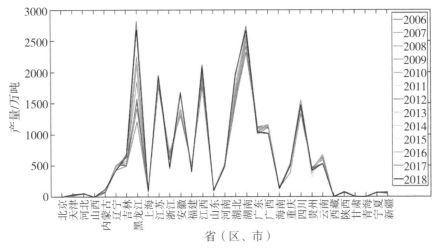

图3-6 2006—2018年我国31个省（区、市）稻谷年产量

由图3-6可知，我国的稻谷主产区主要位于长江流域，另外东北地区也生产一部分的稻谷。从我国稻谷年均产量来看，2006—2018年，湖南、黑龙江的稻谷年均产量相对最高，年均产量超过2000万吨，接下来依次是江西、江苏、湖北，这些地区的稻谷年均产量超过1500万吨。再然后是四川、安徽、广西、广东等地，稻谷年均产量均超过1000万吨。上海、陕西、内蒙古、宁夏、新疆、河北、天津、甘肃、山西、西藏、北京、青海等地的稻谷年均产量均小于100万吨。

二、黄河流域粮食产量分析

根据推求的黄河流域各地级市/盟/州粮食产量占行政区全区粮食产量的比例以及黄河流域各市级行政区全区的粮食年产量，可计算黄河流域各市级行政区三种粮食产量。黄河流域小麦、玉米、稻谷年产量如图3-7、图3-8和图3-9所示（用表3-1列明的序号表示对应的地级市/盟/州）。将黄河流域各市级行政区产量整合为黄河流域各省（区、市）粮食产量，2006—2018年黄河流域各省（区、市）小麦、玉米、稻谷年产量如图3-10所示。

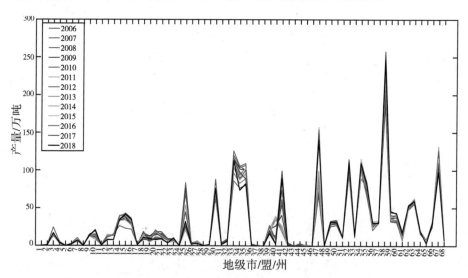

图3-7　2006—2018年黄河流域各地级市/盟/州小麦年产量

由图3-7可知，从地级市/盟/州的角度来看，黄河流域的小麦生产主要集中在黄河中下游地区，黄河流域新乡地区小麦产量最高，2006—2018年，其小麦年均产量超200万吨。泰安、渭南、运城、焦作、洛阳、咸阳、西安等地的年均产量介于80万吨和120万吨之间。黄河流域青海地区的小麦产量相对较低。

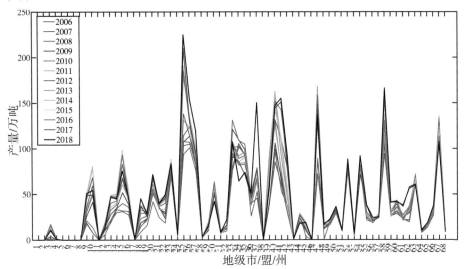

图3-8　2006—2018年黄河流域各地级市/盟/州玉米年产量

由图3-8可知，从地级市/盟/州的角度来看，黄河流域的玉米生产主要集中在黄河中游地区，黄河流域的玉米高产区主要位于巴彦淖尔、运城、晋中、新乡、鄂尔多斯、泰安等地，上述市级行政区玉米最高年产量均超过

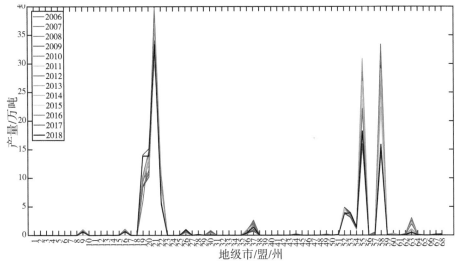

图3-9　2006—2018年黄河流域各地级市/盟/州稻谷年产量

120万吨。渭南、临汾、呼和浩特、西安等地的玉米最高年产量均高于90万吨。黄河流域青海地区的玉米产量相对较低。

由图3-9可知，从地级市/盟/州的角度来看，黄河流域基本不生产稻谷，仅宁夏（如银川、吴忠、石嘴山、中卫）、河南（如濮阳、新乡、焦作）的部分地区生产一部分稻谷。2006—2018年，银川、濮阳、新乡、吴忠的稻谷年均产量超过10万吨。

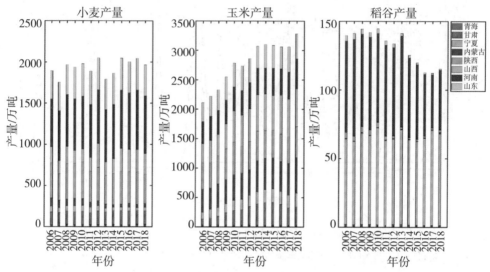

图3-10　2006—2018年黄河流域各省（区、市）粮食年产量

从图3-10中的黄河流域小麦产量分图可以看出，河南的小麦产量相对最高，且呈现增长趋势，从2006年的约580万吨涨至2018年的约700万吨，小麦年均产量超过了650万吨。陕西、山东的小麦产量次之，年均产量超过370万吨。但陕西的小麦产量呈现下降趋势，从2006年的约420万吨降至2018年的约350万吨；山东的小麦产量略微增长，从2006年的约340万吨升至2018年的约380万吨。甘肃、宁夏、内蒙古等地区的小麦产量小于70万吨。全黄河流域的小麦产量从2006年的约1895万吨略微升高至2018年的1965万吨，变化不大，黄河流域小麦产量占全国小麦产量的比值从2006年的18%略微降低到2018年的15%，黄河流域小麦年均产量约占全国小麦年均总产量的16%。

从图3-10中的黄河流域玉米产量分图可以看出，山西、内蒙古、陕西等地的玉米产量相对较高，年均产量超过470万吨，且年产量都呈现明显的增长趋势，山西、内蒙古、陕西的玉米年产量分别从2006年的约330万吨、390万吨、

450万吨升至2018年的650万吨、610万吨、520万吨。河南、山东玉米年均产量超过380万吨,甘肃玉米年均产量约为290万吨,宁夏玉米年均产量约为190万吨,青海地区玉米年产量仅为10万吨左右。这些地区的玉米年产量同样呈现增长趋势。全黄河流域的玉米产量从2006年的约2100万吨升至2018年的约3300万吨,但黄河流域玉米产量占全国玉米产量的比值从2006年的14%略微降低到2018年的13%,黄河流域玉米年均产量约占全国玉米年均总产量的14%。

从图3-10中的黄河流域稻谷产量分图可以看出,黄河流域基本不生产稻谷,基于2006—2018年数据可知,宁夏、河南的稻谷年均产量超过60万吨,宁夏稻谷年产量基本不变,黄河流域河南地区的稻谷年产量呈现下降趋势,从2006年的约66万吨降低至2018年的43万吨,其余地区的稻谷年均产量均不到3万吨,从全国角度来看,全黄河流域的稻谷年均产量仅占全国稻谷年均总产量的0.66%左右。

综合考虑三种作物,流域粮食产量约从2006年的4000万吨增长至2018年的超过5000万吨。本节的研究计算结果与黄河粮食产量现状基本一致。例如,蒋桂芹等(2017)指出黄河流域内年均粮食产量约为4720万吨;彭少明等(2017)指出2015年流域粮食产量为4370万吨。

第三节　黄河流域粮食消耗量结果分析

本章根据我国31个省(区、市)消耗量资料推求黄河流域粮食消耗量,因此本节首先对我国粮食消耗量展开分析,然后分析黄河流域的粮食消耗状况。

一、我国粮食消耗量分析

根据收集的粮食消耗量数据,绘制了我国2007—2008年度至2018—2019年度包括四种统计口径的小麦、玉米、稻谷消耗量图,2006—2007年度由于统计口径与后续年份不完全一致,因此并未绘制,结果如图3-11所示。之所以用"2007—2008年度"表示时间尺度,是因为《食用谷物市场供需状况月报》和《饲用谷物市场供需状况月报》中粮食消耗量数据的统计时间与《中国统计年鉴》中产量统计的时间尺度存在一定差异，本节的消耗量数据以市场年度为基础进行统计，其中，小麦市场年度为当年6月至次年5月，玉米市场年度为当年10月至次年9月，稻谷市场年度为当年10月至次年9月。

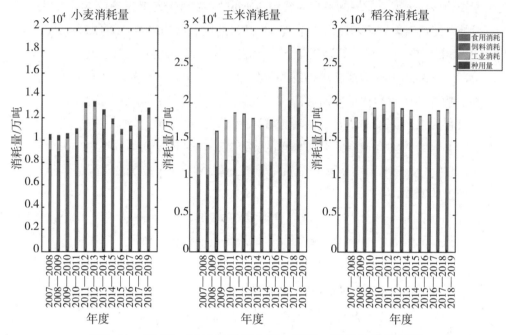

图3-11 2007—2019年我国小麦、玉米、稻谷年度消耗量

通过图3-11可以看出，我国小麦和稻谷消耗量的增长幅度相对于玉米消耗量的增长幅度而言较小。2018—2019年度小麦国内消耗量相比于2007—2008年度增长了约22%，从2007—2008年度的10520万吨增长至2018—2019年度的12880万吨。稻谷消耗量增长了约6%，从2007—2008年度的18079万吨增长至2018—2019年度的19230万吨。玉米消耗量增长了约87%，从2007—2008年度的14595万吨增长至2018—2019年度的27291万吨。

另外，从图3-11可以看出，小麦和稻谷的消耗以口粮食用消耗为主，但口粮的占比呈现略微下降的趋势，小麦口粮占比从2007—2008年度的约74%略微下降至2018—2019年度的72%。稻谷口粮占比从2007—2008年度的约84%略微下降至2018—2019年度的82%。主要是因为：随着社会经济水平的提高，居民不断追求多样化、丰富化的膳食结构，这使得粮食消耗不断向非粮食物消耗转移，减少了一定量的粮食消耗。

从图3-11还可以看到，饲料用粮持续上升，这是由于肉、蛋、奶及水产品的消耗量不断增加。玉米是主要的饲料用粮，玉米饲料用粮的消耗从2007—2008年度的约9000万吨升至2018—2019年度的约17500万吨。食品工业的日益发展，使得作为原料或辅料进入工业生产的粮食消耗不断增加，玉米工业用粮从2007—2008年度的约4080万吨升至2018—2019年度的约7800万吨。

鉴于国家粮油信息中心版权的限制，下文仅展示我国2007—2008、2012—2013以及2017—2018年度的省（区、市）小麦、玉米、稻谷总消耗量，消耗量数据包括了当年度出口量数据，其他年度以及分口径粮食消耗量暂未展示（分口径粮食消耗量比例与全国总体状况一致），我国31个省（区、市）小麦、玉米、稻谷总消耗量如图3-12所示。

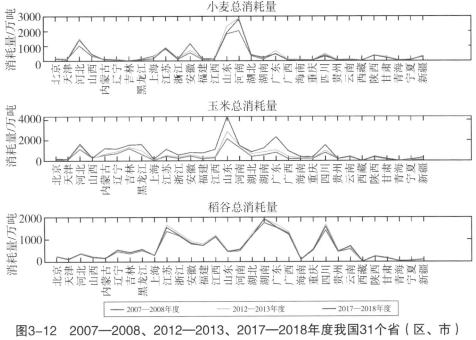

图3-12 2007—2008、2012—2013、2017—2018年度我国31个省（区、市）小麦、玉米、稻谷总消耗量

由图3-12中的小麦总消耗量分图可知，河南地区的小麦消耗量最高，三个年度平均消耗量超过2500万吨。其次是山东，年均消耗量超1500万吨。河北、安徽两地小麦年消耗量最高超过1000万吨。内蒙古、天津、辽宁、黑龙江、宁夏、云南、海南、广西、贵州、重庆、青海、西藏、吉林等地小麦年均消耗量低于100万吨。这些地区小麦消耗量较低的原因包括：①部分地区

人口相对较少；②当地的膳食结构以米饭为主，以面食为辅。

从图3-12中的玉米总消耗量分图可以看出，玉米消耗量最大的省（区、市）为山东省，玉米年消耗量最高超过4000万吨。广东的玉米年消耗量最高超过2000万吨。河北、黑龙江、吉林以及四川的玉米年消耗量最高超过1500万吨。青海和西藏的玉米消耗量最低，三个年度的平均消耗量低于100万吨。畜牧业发达、工业产品生产量较大的地区的玉米消耗量相对较大。例如，山东有全国最大的畜牧业生产基地，同时也有重要的工业生产基地，因此山东的饲料用粮和工业用粮居全国首位。

从图3-12中的稻谷总消耗量分图可以看出，稻谷消耗量较大的区域主要是湖南、广东、四川、江苏，三个年度的平均消耗量超过1500万吨。广西、浙江、湖北、江西的稻谷年均消耗量超过1000万吨。新疆、宁夏、青海以及西藏的稻谷年均消耗量低于100万吨。这些地区稻谷消耗量相对较低的原因包括：①部分地区人口相对较少；②当地的膳食结构以面食为主，以米饭为辅。

二、黄河流域粮食消耗量分析

基于本章第一节的计算方法以及收集的数据，计算黄河流域小麦、玉米、稻谷的年消耗量，结果如图3-13所示（与图3-12中粮食消耗量数据的展示年度一致，仅展示2007—2008、2012—2013以及2017—2018年度结果；

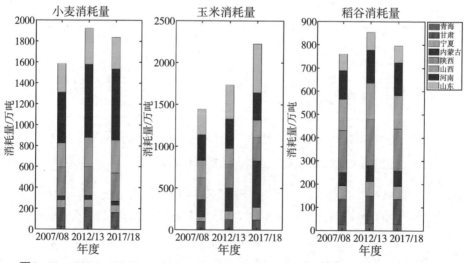

图3-13 2007—2008、2012—2013、2017—2018年度黄河流域各省（区）小麦、玉米、稻谷消耗量

各种口径消耗比例大小与图3-11基本一致）。黄河流域各地级市/盟/州三个年度的小麦、玉米、稻谷消耗量结果如图3-14所示。

从图3-13可以看出，黄河流域河南地区小麦消耗量最高，三个年度的平均消耗量约为623万吨，流域内山东、山西、陕西、甘肃、宁夏、内蒙古、青海地区的年均消耗量分别约为306万吨、274万吨、273万吨、168万吨、72万吨、40万吨和25万吨。黄河流域小麦年均消耗量约占全国小麦年均消耗量的15%。

黄河流域山东地区玉米的三个年度的平均消耗量最高，约为430万吨，流域内内蒙古、河南、陕西、山西、甘肃、宁夏、青海地区的年均消耗量分别约为350万吨、329万吨、274万吨、201万吨、106万吨、99万吨和11万吨。黄河流域玉米年均消耗量约占全国玉米年均消耗量的8%。

黄河流域陕西地区稻谷的三个年度的平均消耗量最高，约为187万吨。流域内山西、河南、甘肃、山东、内蒙古、宁夏、青海地区的年均消耗量分别约为145万吨、136万吨、113万吨、73万吨、64万吨、58万吨和28万吨。黄河流域稻谷年均消耗量约占全国稻谷年均消耗量的4%。

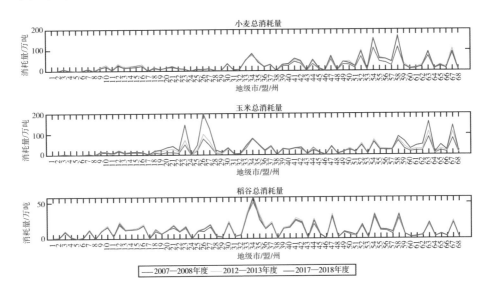

图3-14　2007—2008、2012—2013、2017—2018年度黄河流域各地级市/盟/州小麦、玉米、稻谷总消耗量

由图3-14可以看出，黄河流域新乡地区的小麦消耗量最大，小麦消耗量

最高超过160万吨，其次是洛阳，小麦消耗量最高超过130万吨。黄河流域焦作、泰安、济南、西安、运城等地小麦年均消耗量均大于70万吨。黄河流域青海地区的小麦消耗量相对较低。

黄河流域鄂尔多斯的玉米消耗量最大，玉米年消耗量最高超过190万吨。黄河流域济南、包头、泰安等地的玉米消耗量均介于130万吨和160万吨之间。黄河流域青海地区的玉米消耗量相对较低。

黄河流域西安地区的稻谷消耗量最大，年均消耗量超过50万吨。流域内新乡、洛阳、渭南、运城等地的稻谷年消耗量最高超过30万吨。同样地，黄河流域青海地区的稻谷消耗量相对较小。青海地区的小麦、玉米、稻谷消耗量相对较小的原因包括：①人口相对较少；②社会发展速度相对较慢。

第四节 黄河流域粮食净产量结果分析

为明确黄河流域粮食净产量在全国的地位，本节首先开展了我国的粮食净产量分析，然后分析了黄河流域的粮食净产量状况。

一、我国粮食净产量分析

根据粮食产量和粮食消耗量结果，借鉴《食用谷物市场供需状况月报》和《饲用谷物市场供需状况月报》中当年结余量的计算方式，本节计算了我国小麦、玉米、稻谷年度净产量（当年度净产量=当年度产量–当年度消耗量），结果如图3-15所示。

从图3-15可以看出，2014—2015年度以来，我国的小麦和稻谷的净产量大于0，说明小麦和稻谷产需有余，可以自给，我国的口粮相对较为安全。但近几年由于饲料用粮和工业用粮的快速增长，2017—2018以及2018—2019年度玉米的净产量小于0，当年的玉米产量不能完全满足当年的需求，需要动用玉米库存才可满足生产需求。

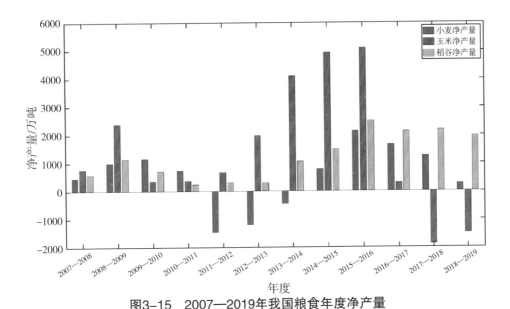

图3-15　2007—2019年我国粮食年度净产量

2007—2008、2012—2013以及2017—2018年度的我国各省（区、市）小麦、玉米、稻谷年度净产量如图3-16所示。

由图3-16可以看出，我国小麦净产量较大的区域主要位于小麦主产区，如河南、山东、安徽、江苏、新疆等地，河南地区小麦产量最大。2017—2018年度，河南小麦净产量约为900万吨，山东、安徽、江苏、新疆的小麦净产量大于300万吨，广东地区的小麦短缺量约为454万吨，居全国首位。

我国玉米净产量较大区域主要位于玉米主产区尤其是黑龙江、吉林、内蒙古等地。从图3-16可以看出，2017—2018年度，黑龙江的玉米净产量超过2000万吨，内蒙古和吉林的玉米净产量超过1000万吨。山东是个特例，山东的玉米产量虽然较大，但该地区有重要的畜牧业、工业生产基地，因此玉米仍存在短缺。湖南、江西、山东、广东的玉米短缺量相对较大，2017—2018年度这四省玉米短缺量均超过1000万吨。

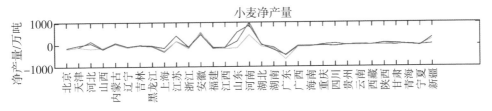

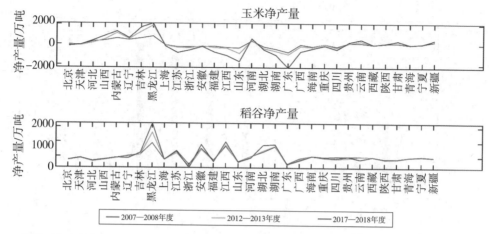

图3-16　2007—2008、2012—2013、2017—2018年度我国31个省（区、市）小麦、玉米、稻谷净产量

我国稻谷净产量较大区域主要位于稻谷主产区，如黑龙江、江西、湖南、安徽、湖北等地。从图3-16可以看出，黑龙江2017—2018年度的稻谷净产量高于2000万吨，主产区其余省份同年度稻谷净产量为500万～1000万吨，广东和浙江的稻谷短缺量最大，同年度短缺量超过500万吨。

综合考虑三种作物，黑龙江省的粮食净产量最大。2017—2018年度，吉林、河南、内蒙古、安徽的净产量基本超过1000万吨。东部沿海地区粮食短缺量相对较大，其中，广东地区的粮食短缺量最大，超过3000万吨。广西、福建、浙江、山东等地的粮食短缺量超过1000万吨，原因可能包括：①地区经济较为发达，抑制了农业的发展；②当地农业生产自然资源相对不足，沿海地区耕地相对较少。

二、黄河流域粮食净产量分析

根据粮食产量和粮食消耗量结果，计算黄河流域2007—2008、2012—2013以及2017—2018年度小麦、玉米、稻谷净产量，如图3-17所示；绘制黄河流域各地级市/盟/州的2007—2008、2012—2013以及2017—2018年度粮食净产量图，如图3-18所示。

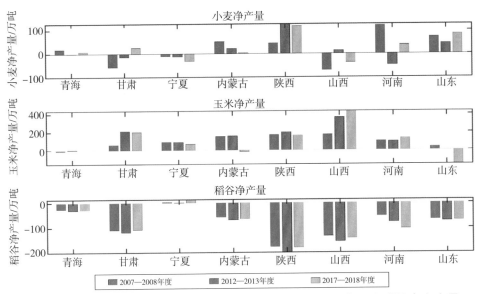

图3-17　2007—2008、2012—2013、2017—2018年度黄河流域粮食净产量

从图3-17可以看出，黄河流域的陕西、河南、山东等地的小麦净产量相对较大，山西地区的玉米净产量相对最大。黄河流域的陕西、山西等地的稻谷短缺量相对较大。从全黄河流域的角度来看，2007—2008、2012—2013以及2017—2018年度的小麦净产量分别约为169万吨、127万吨以及207万吨。2007—2008、2012—2013以及2017—2018年度的玉米净产量分别约为777万吨、1126万吨以及833万吨。2007—2008以及2012—2013以及2017—2018年度的稻谷短缺量分别约为620万吨、711万吨以及684万吨。综合考虑三种作物，黄河流域2007—2008、2012—2013以及2017—2018年度的余粮量分别约为326万吨、542万吨以及356万吨。

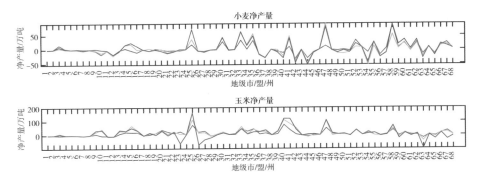

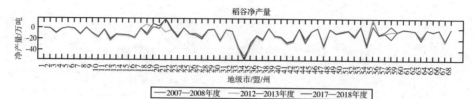

图3-18　2007—2008、2012—2013、2017—2018年度黄河流域各地级市/盟/州小麦、玉米、稻谷净产量

　　由图3-18可以看出，黄河流域小麦净产量空间分布与同流域小麦产量空间分布较为一致，净产量较大区域主要为新乡、运城和渭南。2017—2018年度，上述地区的小麦净产量均超过60万吨；咸阳、宝鸡、临汾、德州、菏泽的小麦净产量均超过30万吨；太原、吕梁、洛阳、济南、晋中的小麦短缺量均超过30万吨。

　　由图3-18可以看出，黄河流域玉米净产量最大的地区为巴彦淖尔。2017—2018年度，巴彦淖尔玉米净产量超过150万吨；山西省的晋中、临汾、运城的玉米净产量均超过100万吨；新乡、庆阳两地的玉米净产量均超过50万吨；济南、鄂尔多斯、包头的玉米短缺量最大，均超过50万吨。

　　由图3-18可以看出，黄河流域绝大多数地区的稻谷都存在短缺，2017—2018年度，银川、石嘴山、濮阳、吴忠、开封的稻谷净产量大于0；同年度稻谷短缺量最大的地区为陕西省省会西安，稻谷短缺量接近60万吨；渭南、洛阳、运城同年度的稻谷短缺量均为30万～40万吨。

第四章　黄河流域粮食贸易分析

本章的主要目的为摸清黄河流域的粮食贸易路径及贸易量，本章的研究对于合理制定粮食生产、运移政策具有一定的指导作用。为此，本章首先基于已有的我国省际多区域投入产出模型，构建基于供需平衡原理的多区域投入产出模型，对我国31个省级行政区省际粮食调入、调出状况进行模拟，进而对黄河流域粮食对外贸易状况进行分析。并在此基础上，构建粮食运输费用最小模型，对黄河流域内部各地级市/盟/州的粮食贸易路径进行优化分析，以促进流域粮食的区域平衡。

第一节　黄河流域粮食贸易量估算模型建立

一、黄河流域粮食对外贸易量估算模型建立

由于全国乃至流域统计数据的缺乏，本研究首先根据较为详细的我国省际多区域投入产出模型数据，构建基于供需平衡原理的多区域投入产出模型，进而开展省际粮食贸易模拟，然后提出作物净产量权重法，以期估算黄河流域粮食对外贸易量，如图4-1所示。

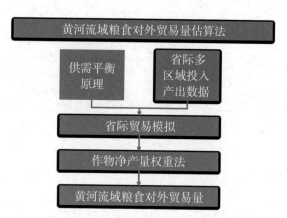

图4-1　黄河流域粮食对外贸易量推求流程

1. 我国省际粮食贸易模拟模型建立

投入产出法（input-output analysis，IOA）是一种描述产品生产投入和产出关系的方法。"投入"一般是指生产必备的消耗，如原材料等。"产出"一般是指生产最终的结果，如实际产品等。投入产出法一般通过矩阵形式反映投入产出关系，其将国民经济系统中各部门在一定时期中的投入来源与产出去向编制成投入产出表，并建立相应的数学模型，以此描述经济部门之间的关系。因此，该方法也被称为部门间的关系平衡法。

投入产出模型按计量单位可分为价值型和实物型投入产出模型。价值型投入产出模型是应用最为广泛的模型。在价值型投入产出模型中，各部门的投入产出均以货币为计量单位，反映了经济价值交换特性。在实物型投入产出模型中，各部门的投入产出均以实物为计量单位，反映了实物交换特性。我国多区域投入产出模型（multi-regional input-output，MRIO）为价值型投入产出模型。

多区域投入产出数据每隔5年发布一次，本研究使用的2012年和2017年我国多区域投入产出数据来源于中国碳核算数据库（China Emission Accounts and Datasets，CEADs），2007年我国多区域投入产出数据来源于李善同主编的《2007年中国地区扩展投入产出表：编制与应用》。2012年和2017年的多区域投入产出数据涵盖了我国除港澳台地区的31个省（区、市）包括42部门的转移数据，2007的多区域投入产出数据涵盖了我国除港澳台地区、西藏的30个省（区、市）的37部门的转移数据。我国价值型多区域投入产出模型的基本框架如表4-1所示。

表4-1　我国多区域投入产出模型基本框架

单位：万元

投入		产出																出口	其他	总产出
		中间使用					最终使用													
		区域1			区域a		区域1					...	区域a							
		部门1	...	部门b	部门1	部门b	农村居民消费	城镇居民消费	政府消费	固定资本形成总额	存货增加	...	农村居民消费	城镇居民消费	政府消费	固定资本形成总额	存货增加			
中间投入	区域1 部门1	$x^{(1-1),(1-1)}$	...	...	...	$x^{(1-a),(1-b)}$	$f^{(1-1),(1-5)}$					...					$f^{(1-1),(1-5)}$	$EX^{(1,1)}$	$ERR^{(1,1)}$	$X^{(1,1)}$
	...	...	...	...	...	...														
	部门b																			
	...	$x^{(c-d),(e-f)}$					$f^{(c-d),(e-g)}$											$EX^{(c,e)}$	$ERR^{(c,e)}$	$X^{(c,e)}$
	区域a 部门1																			
	部门b	$x^{(a-1),(b-1)}$				$x^{(a-a),(b-b)}$	$f^{(1-1),(1-5)}$										$f^{(1-1),(1-5)}$	$EX^{(a,b)}$	$ERR^{(a,b)}$	$X^{(a,b)}$
最初投入	进口	$I^{(1,1)}$	...	$I^{(d,f)}$		$I^{(a,b)}$														
	增加值	$A^{(1,1)}$	...	$A^{(d,f)}$		$A^{(a,b)}$														
总投入		$X^{(1,1)}$	...	$X^{(d,f)}$	...	$X^{(a,b)}$														

从表4-1中可以看出，每个行业部门的产品既可以被用来直接消费，也可以被用来作为中间投入，不同地区均可向其余地区出口中间品和最终品。多区域投入产出表主要由三部分组成：中间使用/投入矩阵、最终使用矩阵与最初投入矩阵。

中间使用/投入矩阵由中间使用和中间投入交叉组成，是一个方阵。水平方向表示某一部门的产品在其他部门作为中间产品使用的分配，垂直方向表示某一部门对其他部门产品的中间消耗。$x^{(c-d),(e-f)}$代表c区域e部门对d区域f部门的中间投入。

最终使用矩阵中的水平方向表示某一部门的产品在不同区域的5类最终使用量（包括农村居民消费、城镇居民消费、政府消费、固定资本形成总额、存货增加）和出口量中的分配。垂直方向表示各区域5类最终使用与国家出口的部门来源。$f^{(c-d),(e-g)}$表示c区域e部门对d区域g类最终使用的投入。$EX^{(c,e)}$表示c区域e部门对出口需求的投入。

最初投入矩阵的水平方向表示进口与增加值在各区域各经济部门的数量，垂直方向表示各部门最初投入的构成和数量。$I^{(d,f)}$表示进口对d区域f部门的投入，$A^{(d,f)}$表示增加值对d区域f部门的投入。

投入产出表各区域各部门的行向求和（总产出）与列向求和（总投入）相等，是一个线性的静态均衡模型。基于上述理论，MRIO模型的基本形式如下，模型基本结构如图4-2所示。

横向上行模型为：

$$\sum_{c=1}^{31}\sum_{e=1}^{42or37}X^{(c,e)}=\sum_{c=1}^{31}\sum_{d=1}^{31}\sum_{f=1}^{42or37}x^{(c-d),(e-f)}+\sum_{c=1}^{31}\sum_{d=1}^{31}\sum_{e=1}^{42or37}\sum_{g=1}^{5}f^{(c-d),(e-g)}+$$

$$\sum_{c=1}^{31}\sum_{e=1}^{42or37}EX^{(c,e)}+\sum_{c=1}^{31}\sum_{e=1}^{42or37}ERR^{(c,e)} \qquad (4-1)$$

纵向上列模型为：

$$\sum_{d=1}^{31}\sum_{f=1}^{42or37}X^{(d,f)}=\sum_{c=1}^{31}\sum_{d=1}^{31}\sum_{f=1}^{42or37}x^{(c-d),(e-f)}+$$

$$\sum_{d=1}^{31}\sum_{f=1}^{42or37}I^{(d,f)}+\sum_{d=1}^{31}\sum_{f=1}^{42or37}A^{(d,f)} \qquad (4-2)$$

其中$X^{(c,e)}$表示 c 区域 e 部门的总产出，$ERR^{(c,e)}$表示其余项，这一列是为了使表格中的总投入与总产出相一致而给每一行加上的平衡项，可以将其视为制表误差。在进行计算时，为了使中间使用加上最终使用（包括出口）等于总产出，将这一列从总产出中做了剔除处理。$X^{(d,f)}$表示 d 区域 f 部门的总投入。

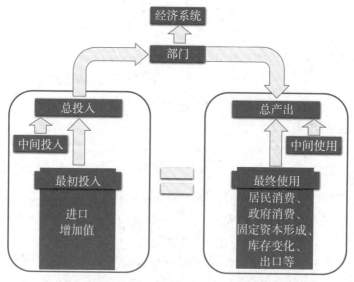

图4-2 多区域投入产出模型基本结构

鉴于本研究的目的是量化各省（区、市）之间的粮食贸易量，但我国多区域投入产出模型仅涉及我国省际农林牧渔及服务业产值转移数据，因此本章拟在我国现有价值型多区域投入产出模型基础上，综合考虑粮食产量以及粮食消耗量，基于粮食供需平衡的原理，将价值型投入产出模型转化为实物型投入产出模型，进而根据实物流动特性进行我国省际粮食贸易路径模拟分析，以此实现单一粮食作物转移的量化。基于粮食供需平衡原理的多区域投入产出模型基本假定及计算过程如下。

模型基本假定：

（1）粮食贸易中的出口区和进口区的位置已知。《食用谷物市场供需状况月报》以及《饲用谷物市场供需状况月报》中明确列举了各省级行政区各年度的粮食供给量以及消耗量，其中粮食供给量包括当地粮食产量以及从国外进口粮食量，粮食消耗量包括当地粮食消耗以及出口国外的粮食量。

（2）本研究的研究尺度为年，仅考虑整年的粮食调运，因此假定各出口区的粮食可运输到进口区，不考虑车辆数量、运达时间、车载重量、道路遭受破坏等因素。

（3）假设在粮食运输过程中，粮食不会发生变质，也不会有损耗。

下述为详细方法，构建步骤如图4-3所示。

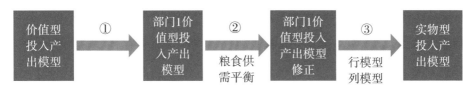

图4-3　基于粮食供需平衡原理的多区域投入产出模型构建

步骤1：提取部门1价值型投入产出模型。

本研究的目的是确定粮食贸易量，首先需要根据价值型投入产出模型提取出部门1即农林牧渔及服务业转移产值数据，然后将中间使用和最终使用合并，确定不同省（区、市）的农林牧渔产品和服务部门转移到不同省（区、市）的产值数据，即获得新的关于部门1投入的多区域投入产出模型。

步骤2：基于粮食供需平衡的部门1价值型投入产出模型修正。

部门1包含了农林牧渔业产值以及服务业产值，大多数的研究假定粮食接收区接收粮食作物的比例与部门1中的产值比例保持一致，即如果区域 c

稻谷产值占部门1总产值的20%，则可认为新的关于部门1投入的多区域投入产出表的区域 c 一行数值同时乘以20%即获得了区域 c 稻谷与其余区域的投入产出价值表，再除以稻谷单价即可获得稻谷实物型投入产出表。这种假定存在的问题是：如此计算会导致稻谷主产区存在较大粮食进口。考虑到本书研究的三种主要粮食作物的产值比例占总部门1的比例相对较小，因此部门1之间的多区域投入产出模型数据可能无法完全直观反映各区域粮食作物之间的投入产出关系，如某些区域之间的产值转移可能是由服务业、林业等除粮食外的产值主导的。

为了更贴近实际——粮食主产区普遍外销粮食、进口该种粮食作物量一般较少（以山西省粮食和物资储备局2017年公布的2015年山西省粮食调入调出数据为例，2015年山西小麦调入约295万吨，调出约17万吨；稻谷进口113万吨；玉米调入约19万吨，调出约347万吨），本模型首先设定各地区的粮食优先供给当地，仅在当地的粮食存在剩余时，剩余的粮食允许外运，且该地区不再从其余地区调入粮食。

步骤3：实物型投入产出模型构建。

在确定当地粮食是否短缺的基础上，借鉴投入产出模型的行模型与列模型的意义（行模型从生产角度出发，数据代表了某区域生产的产品在各区域的分配情况；列模型从消费角度出发，数据代表了某地区的产品消耗量从各个区域的供应情况），获得省际粮食贸易量。鉴于产值在一定程度上反映了两个地区的交流程度，参照中国地质大学韩雅文关于能源消费转移状况分析的博士学位论文，本模型设定如果区域 c 的粮食产量越充裕，则从区域 c 转移出去的粮食应该更多；如果区域 c 到区域 d 之间的转移产值越大，则区域 c 到区域 d 的分品种作物转移量应该更多。基于这两种设定，本研究首先基于行模型思想，当已知粮食充裕区（当地粮食总供给量大于粮食总消耗量）可外运的粮食产量时，可根据区域分配系数，确定各粮食充裕区外运粮食状况。在此基础上，基于列模型思想，当已知粮食短缺区的总粮食短缺量，可根据各地区的粮食供应系数，确定各粮食充裕区对该地区的粮食供应量。然后，根据同比例缩放法，通过对横向分配和纵向供应数据的不断修正调整，最终达到粮食供给的供需平衡状态，以此获得省际粮食贸易量。

2. 流域粮食对外贸易量估算方法建立

基于前文"我国省际粮食贸易模拟模型建立"介绍的内容，可以模拟推求我国省际粮食贸易状况，为了分析黄河流域向外运出粮食状况及从外运进粮食状况，本研究用作物净产量权重法对黄河流域粮食对外贸易特性进行分析。提出的作物净产量权重法介绍及具体公式如下。

省（区、市）间转移粮食量 TA：

我国省际粮食贸易数值通过基于粮食供需平衡原理的多区域投入产出模型模拟求解。

省（区、市）转移到其他省（区、市）属黄河流域的粮食量 TB：

$$TB = TA \times TC \tag{4-3}$$

式中，TC 代表进口区流域内的粮食短缺量占进口省（区、市）粮食短缺量的比值。如果进口区流域外的粮食不存在短缺，则 $TC=1$，如果进口区流域外的粮食存在短缺，此时：

$$TC = \frac{DH}{DS} \tag{4-4}$$

式中，DH 表示进口区流域内的粮食短缺量，DS 表示全省（区、市）的粮食短缺量。

黄河流域地区转移到其他省（区、市）的总粮食量 TE：

$$TE = TA \times TF \tag{4-5}$$

式中，TF 表示出口区流域内的粮食净产量占出口省（区、市）粮食净产量的比值。如果出口区流域内的粮食净产量大于等于全省（区、市）粮食净产量，则 $TF=1$；如果出口区流域内的粮食净产量小于全省（区、市）粮食净产量，则：

$$TF = \frac{GH}{GS} \tag{4-6}$$

式中，GH 表示出口区流域内的粮食净产量，GS 表示全省（区、市）的粮食净产量。

黄河流域地区转移到流域内其他省（区、市）的粮食量 TH：

鉴于本研究的出发点是"以黄河流域为单位的粮食自我平衡"，因此本研究假定黄河流域的粮食优先供给流域内其他省（区、市），仅当有剩余的粮食时，可供给流域外的其他省（区、市）。

如果进口区流域外的粮食不存在短缺状况，则全部供给黄河流域：

$$TH = TE \tag{4-7}$$

如果进口区流域外的粮食存在短缺，但进口区流域内的粮食短缺量小于流域内其他省（区、市）转移给本省区的粮食量，则：

$$TH = DH \tag{4-8}$$

如果进口区流域外的粮食存在短缺，但进口区流域内的粮食短缺量大于流域内其他省（区、市）转移给本省区的粮食量，则：

$$TH = TE \tag{4-9}$$

本研究在分析黄河流域与外省粮食转移量的基础上，还分析了黄河流域所在省（区、市）流域外与流域内的关系。

本省（区、市）流域外转移到本省（区、市）流域内的粮食量TI：

如果本省（区、市）流域外的粮食不存在短缺，但省内黄河流域地区的粮食存在短缺，则省内流域外的粮食需要向省内黄河流域地区转移。如果省内流域外的粮食剩余量超过省内黄河流域地区的粮食额外需求量，则：

$$TI = DH \tag{4-10}$$

如果省内流域外的粮食剩余量小于省内黄河流域地区的粮食额外需求量，则：

$$TI = DH - DS \tag{4-11}$$

本省（区、市）流域内转移到本省（区、市）流域外的粮食量TJ：

如果本省（区、市）流域外的粮食存在短缺，且省内黄河流域地区的粮食存在剩余，则黄河流域地区的粮食需要向省内流域外转移。如果省内黄河流域地区的粮食剩余量超过省内流域外粮食的额外需求量，则：

$$TJ = GH - GS \tag{4-12}$$

如果省内黄河流域地区的粮食剩余量小于省内流域外粮食额外需求量，则：

$$TJ = GH \tag{4-13}$$

二、黄河流域内部粮食贸易量估算模型建立

由于市级行政区之间的投入产出数据缺乏，粮食贸易流通也要在一定程度上遵守经济趋利性（粮食贸易的趋利性在一定程度上可理解为粮食贸易追求运输成本/费用最小），因此，本节在我国省际粮食贸易分析的基础上构建黄河流域内部粮食运输费用最小模型，进而对黄河流域内部粮食的调入调出状况进行分析，以便促进流域内粮食自我平衡以及帮助流域建立高效的粮

食运输路径。具体介绍如下。

（1）问题描述

假设黄河流域地级市/盟/州供应路径中包含有mc个粮食充裕区（粮食产量大于消耗量）和nj个粮食短缺区（粮食产量小于消耗量），此时需要从mc个粮食充裕区向nj个粮食短缺区调运粮食以满足nj个粮食短缺区的粮食消耗。这是在粮食充裕区和粮食短缺区之间进行粮食运输路径选择的优化问题。

因此，粮食运输的路径优化问题可以归纳为：在满足当地粮食消耗的条件下（即粮食充裕区的粮食调出量不可超过该地区的可供给量，粮食短缺区的粮食补给量最大为该地区的粮食短缺量），合理安排粮食运输路径，实现粮食运输成本最低的线性规划问题。

（2）模型的建立

借鉴前文"我国省际粮食贸易模拟模型建立"中的基本假定，本部分以粮食运输费用最小为优化目标，以各地级市/盟/州粮食产量、粮食消耗量以及前文"流域粮食对外贸易量估算方法建立"中的省际即黄河流域地区到流域内其他省（区、市）的贸易量为约束条件，利用线性规划方法量化黄河流域地级市/盟/州之间的粮食贸易量。线性优化模型如下。

目标函数：

粮食运输方式主要包括公路、水路、铁路，此外还有小部分空运。公路运量相对较小，常用来进行短途运粮；水路运量大、成本相对较低，但耗时较长，且只适用于沿海等地；铁路运量高于公路运量、低于水路运量，但耗时较短，运输效率相对较高，因此其占总运粮量的比重较大，是重要粮食运输方式。由于黄河流域大多处于内陆地区，因此，本模型并未考虑水路运输。另外，空运占比较小，因此也并未考虑航空运输。

铁路运输费用等数据来源于中国铁路货运网上营业厅，根据铁路货运网上营业厅公布的铁路项目和标准可知，铁路收费项目主要包括：集装箱使用费、接取送达费、押运人乘车费、货物保价费、取送车费、机车作业费、货物装卸作业费、装卸加固材料使用服务费、换装费、声明价格费、换轮作业费、货车延期占用费、集装箱延期使用费、货车篷布延期使用费、货车滞留费、违约金、运杂费迟交金、赔偿费、仓储费、合资、地方铁路及在建线货车占用费、自备或租用货车停放费、车辆使用服务费、机车使用服务费、路产专用线使用服务费、货运场地使用服务费，共计26项。本研究主要关注运费，因此主要考虑了粮食运输过程中的运输费用。铁路的运费根据基价1和基价2进行计算，基价1表示吨次费，基价2指的是货物运价。本研究主要是进行粮食作物之间的贸易分析，粮食作物属于2类运价号，在考虑整车办理货运的情况下（并没有考虑采用其他货运类型例如零担和集装箱等），采用铁路进行粮食运输的吨次费和运输费用如表4-2所示。

表4-2 铁路和公路的运输成本

运输方式	吨次费（元/吨）	货物运价（元/吨·公里）
公路运输	0（＞30公里）	0.5
铁路运输	9.5	0.086

公路运输的货运费包括调车费、装货落空损失费、排障费、车辆处置费、车辆通行费、运输变更手续费、延滞费、装卸费、保管费、轮胎费、燃油费、过桥费等一些其他费用。与铁路运输一致，本研究主要考虑了运输费用。公路运输方式主要包括整批货物运输、零担货物运输、计时包车运输、集装箱运输等。本研究主要考虑了整批货物运输方式，整批货物运输的运费同样根据吨次费和货物运价进行计算，各地区的公路运输费用存在一定的差异，例如甘交建设〔2020〕6号文件指出甘肃地区的一等货物运价为0.45元/吨·公里，二等货物为0.56元/吨·公里，三等货物为0.66元/吨·公里；吉交造价〔2016〕125号文件指出一等货物在平原线路为0.44元/吨·公里，二等货物为0.47元/吨·公里，特种货物为0.66元/吨·公里，吨次费0～15公里为1.35元/吨，距离每增加1公里，吨次费由1.35递减0.09元，当运距大于30公里，吨次费不计；湘交造字〔2014〕1号文件指出，汽车运输25公里以内采用0.7元/吨·公里，25公里以上部分采用0.6元/吨·公里。在赣交基建字〔2012〕130号文件中，不同运距对应不同的运价，1公里运距时，运价为5.15元/吨·公里，运距为25公里时，运价为0.46元/吨·公里；晋交建管〔2019〕282号文件指出运距大于15公里时，运价约为0.45元/吨·公里；陕交函〔2016〕475号及陕交发〔2008〕117号文件指出，一类货物运价为0.53元/吨·公里，二类货物为0.59元/吨·公里，三类货物为0.64元/吨·公里，特种货物为0.69元/吨·公里；《四川省高速公路工程初步设计概算、施工图设计

预算审核指导意见（试行）》（川交造价〔2016〕82号）指出，运距大于30公里时，运价约为0.54元/吨·公里。各地区运价存在差异，一些地区只用货物运价进行计算，一些地区还包括了吨次费，且部分地区并无运价的相关指导价等。本研究中各市级行政区的距离一般超过30公里，考虑到流域运费指导价资料不全，因此借鉴吉林地区的规定，当运距在30公里以上时，吨次费不计，因此本研究中将吨次费计为0，运价采用0.5元/吨·公里的标准对粮食运输费用进行计算（综合考虑已知指导价，全国运价基本在0.5元上下波动，因此本研究采用该数值）。综上，运输费用最小的目标函数方程式如下：

$$\min LYN = \sum_{hc=1,hj=1}^{hc=68,hj=68} (LYL_{hc,hj} \times DCF_{hc,hj} + LYL_{hc,hj} \times N_{hc,hj} \times D_{hc,hj}) \qquad (4\text{–}14)$$

式中，LYN表示总的粮食运输费用（元）。参考表3-1，hc 和 hj 取不同数值对应不同的市级行政区；$LYL_{hc,hj}$表示从黄河流域市级行政区 hc 到 hj 的粮食作物运输量（吨）；$DCF_{hc,hj}$表示吨次费（元/吨）；$N_{hc,hj}$为从黄河流域市级行政区 hc 到 hj 的作物货物运价（元/吨·公里）；$D_{hc,hj}$表示从黄河流域市级行政区 hc 到 hj 之间的计费里程即距离（公里）。$\sum_{hc=1,hj=1}^{hc=68,hj=68}$表示本研究考虑了黄河流经的68个地级市/盟/州。

两点之间的运输方式为铁路运输或公路运输。公路两地之间的距离取百度地图中两地之间的距离，铁路两地之间的距离从中国铁道出版社出版的《货物运价里程表》中获取。根据表4-2可知，铁路运输成本相对较小，且我国铁路已基本实现全覆盖，因此本研究选择主要采用铁路运粮，仅在无铁路货运站的地级市/盟/州例如果洛、玉树、甘南藏族自治州等地才采用公路运粮，公路运输主要用于补充铁路不能覆盖的区域。

约束条件：

$$\sum_{hc=1}^{hc=68} LYL_{hc,hj} = EX_{hj} \qquad (4\text{–}15)$$

$$\sum_{hj=1}^{hj=68} LYL_{hc,hj} \leqslant KL_{hc} \qquad (4\text{–}16)$$

$$LYL_{hc,hj} \geqslant 0 \qquad (4\text{–}17)$$

$$LYL_{s-s} = DTC_{s-s} \qquad (4\text{–}18)$$

其中，EX_{hj}为 hj 地级市/盟/州的额外粮食需求量（吨）；KL_{hc}表示 hc 地级市/盟/州的粮食可流出量（吨）。式（4-15）表示供给某粮食短缺区的粮食量等于该地区粮食额外需求量。式（4-16）表示某粮食充裕区外运的粮食量小于等于该地区的粮食可流出量。式（4-17）表示粮食供给外运量值非负。

式（4-18）中，同一省区黄河流域内不同市级行政区转移到另一个省区黄河流域内不同市级行政区的粮食贸易量总和（LYL_{s-s}）应与第四章第一节黄河流域粮食对外贸易量估算中的黄河流域转移到其他省（区、市）黄河流域地区的粮食量（DTC_{s-s}）一致。

EX_{hj}和KL_{hc}的计算如下：

$$\begin{cases} EX_{hj}=0 & \text{if} \quad DC_{hj}-TX_{hj}\geq 0 \\ EX_{hj}=TX_{hj}-DC_{hj} & \text{if} \quad DC_{hj}-TX_{hj}<0 \end{cases} \quad （4-19）$$

$$\begin{cases} KL_{hc}=DC_{hc}-TX_{hc} & \text{if} \quad DC_{hc}-TX_{hc}\geq 0 \\ KL_{hc}=0 & \text{if} \quad DC_{hc}-TX_{hc}<0 \end{cases} \quad （4-20）$$

式中，DC_{hj}和DC_{hc}为黄河流域 hj 和 hc 市级行政区的粮食产量（吨）；TX_{hj} 和 TX_{hc}为黄河流域 hj 和 hc 市级行政区的的粮食总消耗量（吨）。

第二节　黄河流域粮食贸易结果分析

一、我国省际粮食贸易模拟结果分析

1. 我国小麦贸易路径结果分析

根据前文"我国省际粮食贸易模拟模型建立"中基于供需平衡原理的我国多区域投入产出模型应用介绍，模拟了2007—2008、2012—2013以及2017—2018三个年度的小麦、玉米、稻谷的省际粮食贸易路径及贸易量。三个年度省际小麦调入、调出如图4-4至图4-6所示。为了更清楚地展示贸易路径，本节选取省际贸易量最大的20条路径进行展示，2007—2008、2012—2013以及2017—2018各年度小麦贸易量最大的20条路径整理如图4-7所示。

由图4-4计算可知，2007—2008年度，小麦调出最多的区域为河南，调出量约为850万吨，然后是安徽，约为540万吨，江苏、河北的调出量接近150万吨，其余小麦充裕区的调出量均小于100万吨。

结合图4-4中的小麦调入调出数据与图4-7中的小麦主要贸易路径可知，2007—2008年度，贸易量最大的路线为安徽向广东方向，运输了约280万吨的小麦，另外，安徽向上海运输了约144万吨的小麦，河南向北京运输了约

105万吨的小麦。

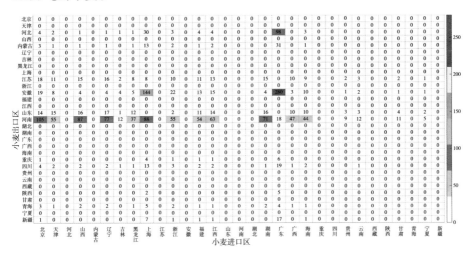

图4-4　2007—2008年度小麦贸易热力

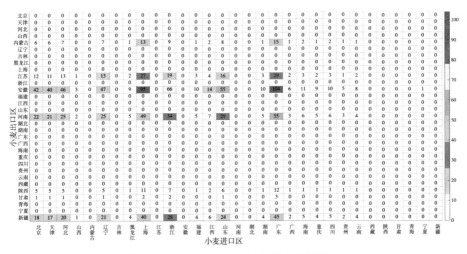

图4-5　2012—2013年度小麦贸易热力

由图4-5计算可知，2012—2013年度，调出小麦最多的地区为安徽，调出量约为591万吨；其次为河南，约为311万吨；再然后是新疆，约为254万吨。江苏地区的小麦调出量约为166万吨，其余小麦充裕区的小麦调出量均小于100万吨。

结合图4-5中的小麦调入调出数据与图4-7中的小麦主要贸易路径，经整理可知，2012—2013年度，安徽向外运输路径的小麦贸易量相对较大，主要包括安徽向北京、天津、河北、辽宁、上海、浙江、山东、广东等地运输，其中安徽向广东运输的小麦量最大，约为104万吨，再然后是安徽向上海运输的小麦量，约为95万吨。

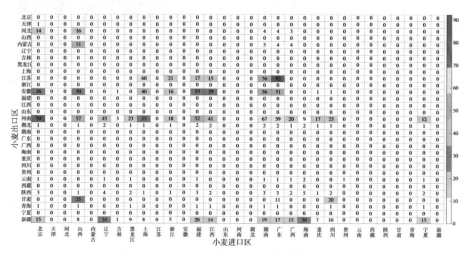

图4-6　2017—2018年度小麦贸易热力

图4-6中，横向数据代表粮食调出地调往每个粮食调入地的粮食量，纵向数据代表每个粮食调入地从不同粮食调出地接收的粮食量，下文的贸易热力图同样采用该方法进行绘制。从图4-6可知，2017—2018年度，调出小麦最多的区域为河南，调出小麦量约为541万吨；其次是安徽，约为284万吨；再然后是江苏，调出量约为261万吨；接下来是新疆，调出量约为217万吨；其余粮食充裕区的调出量均小于100万吨。

结合图4-6中的小麦调入调出数据与图4-7中的小麦主要贸易路径可知，2017—2018年度，贸易量最大的路线是江苏向广东方向，小麦运输量约为92万吨。河南向外运输量也相对较大，其中河南向北京、山西、辽宁、福建、江西、湖南、广东等地的小麦运输量超过40万吨。

图4-7显示，2007—2008、2012—2013以及2017—2018年度小麦的主要贸易路径均包括：安徽—北京、安徽—上海、安徽—广东以及河南—辽宁（"—"的前者与后者分别代表粮食调出地及调入地，因此"安徽—北京"表示安徽运输到北京的粮食路径，后续相同表述与此含义相同）。安徽、河南、江苏等地是重要的小麦调出地，广东、北京、上海、浙江等地是主要的

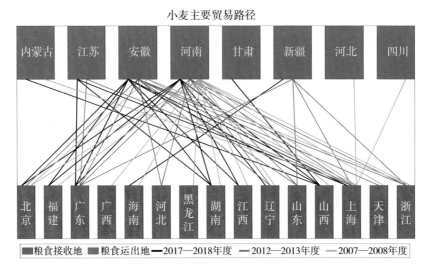

图4-7 2007—2008、2012—2013以及2017—2018年度小麦主要贸易路径

小麦调入地。

2. 我国玉米贸易路径结果分析

2007—2008、2012—2013以及2017—2018年度我国省际玉米调入、调出如图4-8至图4-10所示。为了更清楚地展示贸易路径，本研究选取省际贸易量最大的20条路径进行展示，2007—2008、2012—2013以及2017—2018各年度玉米贸易量最大的20条路径整理如图4-11所示。

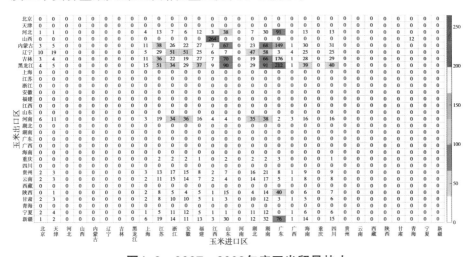

图4-8 2007—2008年度玉米贸易热力

由图4-8计算可知，2007—2008年度，调出玉米最多的区域为黑龙江，后面依次为吉林和内蒙古，调出量分别约为686万吨、518万吨和508万吨，河北、山西、河南、新疆的玉米调出量超过200万吨。

结合图4-8中的玉米调入调出数据与图4-11中的玉米主要贸易路径可知，2007—2008年度，玉米运输量超过80万吨的路径有：河北—广东、山西—江西、内蒙古—广东、吉林—广东、黑龙江—山东、黑龙江—湖南以及黑龙江—广东等路径。

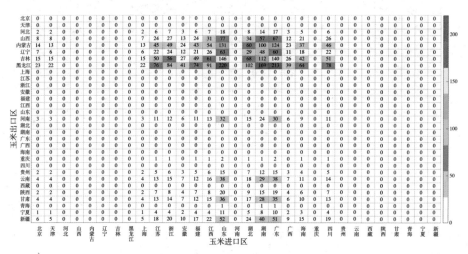

图4-9　2012—2013年度玉米贸易热力

由图4-9计算可知，2012—2013年度，调出玉米最多的区域为黑龙江，玉米调出量约为1318万吨，其次为吉林，玉米调出量约为873万吨，然后为内蒙古，约为776万吨。河北、山西、辽宁、河南、云南、陕西、甘肃、新疆等地的玉米调出量为100万～500万吨。

结合图4-9中的玉米调入调出数据与图4-11中的玉米主要贸易路径可知，2012—2013年度，玉米运输量超过100万吨的路径有：内蒙古—山东、内蒙古—广东、吉林—山东、吉林—湖南、吉林—广东、黑龙江—山东、黑龙江—湖北、黑龙江—湖南以及黑龙江—广东。

图4-10中，2017—2018年度，调出玉米最多的区域为黑龙江，玉米调出量约为2093万吨，其次是吉林，调出量约为1695万吨，然后是内蒙古，调出量约为1284万吨，河南、山西玉米调出量接近670万吨，其余玉米充裕区的调出量均小于500万吨。

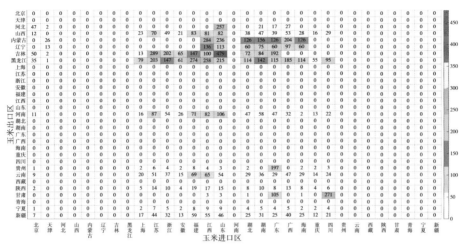

图4-10　2017—2018年度玉米贸易热力

结合4-10中的玉米调入调出量数据与图4-11中的玉米主要贸易路径可知，2017—2018年度，玉米运输量最大的路径为吉林—山东，运输量约为479万吨，河北—山东、内蒙古—江西、吉林—江苏、黑龙江—福建、黑龙江—江西、甘肃—四川等路径的玉米运输量均超过250万吨。

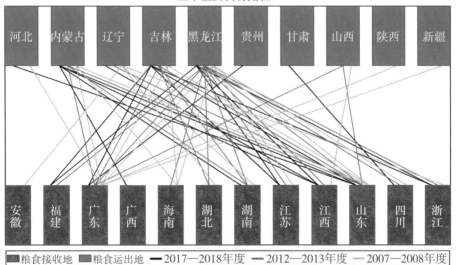

图4-11　2007—2008、2012—2013以及2017—2018年度玉米主要贸易路径

图4-11显示，2007—2008、2012—2013以及2017—2018年度玉米的主要

贸易路径包括：内蒙古—山东、内蒙古—湖南、吉林—山东、吉林—广东、黑龙江—江苏、黑龙江—山东以及黑龙江—湖南。黑龙江、吉林、内蒙古、辽宁等地是重要的玉米调出地，山东、广东、浙江、福建、湖南、江西等地是主要的玉米调入地。

3. 我国稻谷贸易路径结果分析

2007—2008、2012—2013以及2017—2018年度我国省际稻谷调入调出如图4-12至图4-14所示。为了更清楚地展示贸易路径，本研究选取省际贸易量最大的20条路径，2007—2008、2012—2013以及2017—2018各年度稻谷贸易量最大的20条路径整理如图4-15所示。

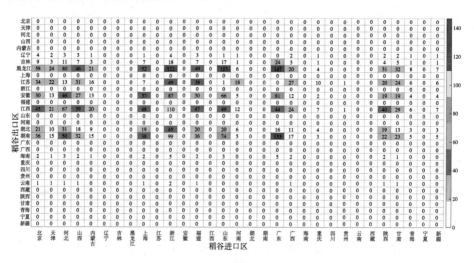

图4-12　2007—2008年度稻谷贸易热力

由图4-12计算可知，2007—2008年度，调出稻谷最多的区域为黑龙江，稻谷调出量为820万吨，接下来依次为江西、湖南、安徽、江苏、湖北、吉林，调出量分别为616万吨、608万吨、495万吨、323万吨、268万吨和122万吨。其余稻谷充裕区的调出量均小于100万吨。

结合图4-12中的稻谷调入调出数据与图4-15中的稻谷主要贸易路径可知，2007—2008年度，稻谷运输量超过100万吨的路径有：黑龙江—浙江、黑龙江—山东、黑龙江—广东、江西—浙江以及湖南—广东等。

图4-13中，2012—2013年度，调出稻谷最多的区域为黑龙江，稻谷调出量约为1433万吨，江西和湖南的稻谷调出量均为600万～700万吨，安徽、湖

北、江苏、吉林等地的稻谷调出量分别为418万吨、338万吨、228万吨以及118万吨。

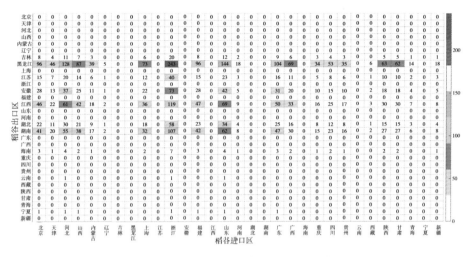

图4-13 2012—2013年度稻谷贸易热力

结合图4-13中的稻谷调入调出数据与图4-15中的稻谷主要贸易路径可知，2012—2013年度，稻谷运输量超过100万吨的路径有：黑龙江—河北、黑龙江—浙江、黑龙江—山东、黑龙江—广东、江西—浙江以及湖南—浙江。

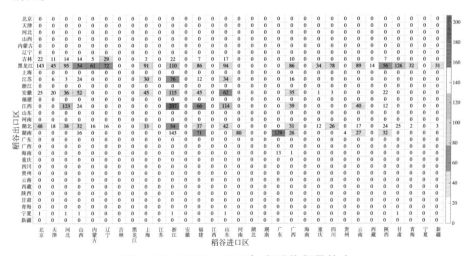

图4-14 2017—2018年度稻谷贸易热力

图4-14中，2017—2018年度，调出稻谷最多的区域为黑龙江，稻谷调出

量约为1397万吨，江西、湖南两地的稻谷调出量均超过500万吨，安徽、湖北的稻谷调出量均超过460万吨，吉林、江苏调出量均超过150万吨。

结合图4-14中的稻谷调入调出数据与图4-15中的稻谷主要贸易路径可知，2017—2018年度，稻谷运输量超过100万吨的路径有：黑龙江—北京、黑龙江—浙江、黑龙江—甘肃、安徽—浙江、江西—河北、江西—浙江、江西—山东、湖南—浙江以及湖南—广东。

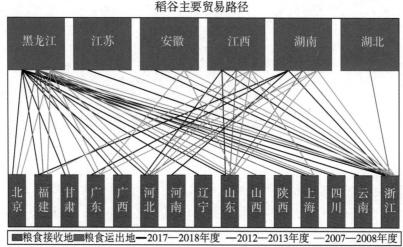

图4-15　2007—2008、2012—2013以及2017—2018年度小麦主要贸易路径

图4-15显示，2007—2008、2012—2013以及2017—2018年度稻谷的主要贸易路径包括：黑龙江—北京、黑龙江—河北、黑龙江—上海、黑龙江—浙江、黑龙江—福建、黑龙江—山东、安徽—浙江、江西—河北、江西—浙江、江西—山东以及湖南—浙江。由此可见，黑龙江、江西、湖南等地是重要的稻谷调出地，浙江、山东、福建、广东、河北、上海等地是主要的稻谷调入地。

4. 我国粮食贸易结果合理性分析

根据2007—2008、2012—2013以及2017—2018年度的小麦、玉米、稻谷流通贸易量，将三种粮食作物加总绘制了全国31个省（区、市）各年度粮食净接收量图，如图4-16所示。

图4-16中，粮食净接收量的数值为负，表示该地区是粮食出口区；数值为正，表明该地区是粮食进口区。从图4-16可以看出，黑龙江的粮食出

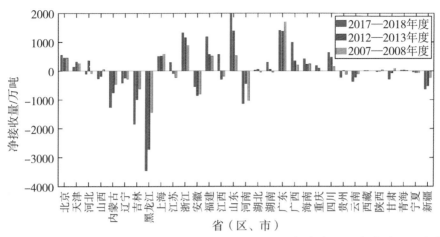

图4-16　2007—2008、2012—2013以及2017—2018年度全国31个省（区、市）粮食净接收量

口量最大，该地区的玉米和稻谷产量均居于全国前列，是全国的产粮大省。此外，吉林、内蒙古、河南、安徽也是重要的粮食出口区。山东地区由于人口数量较大以及工业、畜牧业的发展，粮食进口量相对较大。沿海发达地区的粮食进口量相对较大。例如，2017—2018年度，广东、福建、浙江等地的粮食进口量均超过1000万吨。从各年的粮食流通总量来看（考虑小麦、玉米、稻谷），跨省运输量呈现上升趋势，其中2007—2008、2012—2013以及2017—2018年度的跨省粮食运输量分别为0.9亿吨、1.1亿吨以及1.5亿吨。

　　为了验证本研究模型以及粮食贸易流通结果的合理性，本节参考了一系列资料，从定量和定性的角度分析模型结果的合理性。但相关方面的数据较为短缺，因此，仅对有数据的省（区、市）进行了合理性分析。

　　《粮食物流业"十三五"发展规划》（下文简称《发展规划》）指出，"十二五"（2011—2015年）以来，粮食物流总量快速增长，跨省粮食物流量由1.5亿吨增长到1.65亿吨。本研究模型结果为：2012—2013年度的跨省粮食流通量约为1.1亿吨，2017—2018年度的跨省粮食流通量约为1.5亿吨。本研究模型计算的跨省粮食流通量略小于发展规划中的统计数据，原因可能是本研究模型仅考虑了小麦、玉米、稻谷这三种主要粮食作物，而《发展规划》中的统计数据还包括其他作物类型，如大豆等。此外，本研究模型2012—2013年度以及2017—2018年度的投入产出年份与报告中"十二五"期间的年份不完全一致，也会导致一定的结果差异。

该《发展规划》指出，"十二五"以来，东北通道粮食年流出量约为5000万吨。本研究模型计算的东北通道地区（包括黑龙江、吉林、辽宁、内蒙古）2017—2018年度、2012—2013年度的粮食流出量分别约为7301、4980万吨。各通道地区示意图详见该发展规划中的"十三五"时期粮食物流通道和重点线路示意图。数据存在一定差异，原因同上，受作物类型因素和时间因素影响。

该《发展规划》指出，"十二五"以来黄淮海通道粮食年流出量约为6000万吨。本研究模型计算得到的黄淮海通道地区（包括河北、安徽、山东、河南）2012—2013以及2017—2018年度的粮食流出量分别约为1618万吨、2373万吨。数据小于《发展规划》中的数据，主要原因在于，黄淮海流域位于我国中部，以全国八大线路为例，沿京昆线路、沿陇海线路、沿京广线路、沿京沪线路、沿京哈线路、沿运河线路、沿海线路等大多横跨或部分经过黄淮海流域，因此黄淮海通道的统计粮食运输量较大。其余原因同上，也受作物类型因素和时间因素影响。

该《发展规划》指出，"十二五"以来长江中下游通道粮食年流出量约2400万吨。本研究模型计算得到的2012—2013、2017—2018年度长江中下游地区（包括江苏、江西、湖南、湖北）年流出量分别约为2047万吨、2160万吨。数据小于发展规划中的数据，可能原因如下：①以全国八大线路为例，沿长江线路、沿京广线路等途经长下中下游地区，会增加部分粮食运输量；②如前所述，存在时间差异；③如前所述，仅考虑三种粮食作物。

该《发展规划》指出，"十二五"以来华东沿海、华南沿海通道粮食年流入量约为4900万吨，本研究模型计算得到的2012—2013、2017—2018年度华东沿海、华南沿海地区（包括浙江、上海、福建、广东、广西、海南）年流入量约为4260万吨、5877万吨。两个区域基本位于我国边界地，途经通道的粮食运输量相对较少，数据存在出入的主要原因为上述时间差异及作物类型因素。

该《发展规划》指出，"十二五"以来西南通道粮食年流入量约2900万吨，本研究模型计算得到的2012—2013、2017—2018年度西南地区（重庆、四川、贵州、云南）年流入量约为721万吨、1009万吨。结合全国八大线路图可知，沿京昆线路等需途经西南通道才能抵达广西地区，这也会使得通道的流入量增加。另外，时间和作物类型的差异也会影响结果。

《发展规划》指出，"十二五"以来西北通道粮食年流入量约1800万吨。本研究模型计算得到的2012—2013、2017—2018年度西北地区（包括甘肃、陕西、宁夏、新疆、青海、山西、西藏）年流入量约为1019万吨、827万吨。沿京昆线路从东北等地区需要途经西北通道流入西南地区以及广西地区，这也会使得通道流通量增加。另外时间和作物类型的差异也会影响结果。

　　《发展规划》指出，"十二五"以来京津通道粮食年流入量约905万吨，本研究模型综合考虑北京及天津数据计算的两地2012—2013、2017—2018年度小麦、玉米、稻谷流入量合计分别约为770万吨、692万吨。存在差异的原因同上，受时间因素和作物类型因素影响。

　　《全国新增1000亿斤粮食生产能力规划（2009—2020年）》指出，黑龙江净调出原粮位于全国首位，本研究模型中黑龙江的净调出粮食量同样位于全国首位。同时，该规划指出2007年黑龙江、辽宁、吉林、内蒙古、河北、江苏、安徽、江西、山东、河南、湖北、湖南、四川13个省（区、市）的外销原粮占全国外销原粮总量的88%，本研究模型中上述地区外销比例接近87%。

　　本研究模型在上述全国流通情况对比的基础上，收集了地方性粮食流通数据，以便进一步验证模型结果。

　　《山西省粮食仓储物流"十三五"发展规划》指出，2010年省际粮食流通量为685.5万吨，2015年省际粮食流通量为829万吨。本研究模型中山西2007—2008年度省际粮食流通量约为608万吨，2012—2013年度省际粮食流通量约为681万吨，2017—2018年度省际粮食流通量约为1079万吨。差距相对较小。

　　《吉林省粮食仓储物流"十三五"发展规划》指出，"十二五"期间吉林省的粮食外运能力较"十一五"明显提升，粮食外运量由1280万吨提高到1700万吨。本研究模型中2012—2013、2017—2018年度吉林外运粮食量分别约为992万吨、1851万吨。差距原因同前述对全国范围的分析一样，受时间因素和作物类型因素差异的影响。

　　《福建省粮食行业发展"十三五"规划》指出，近年来（该规划发布时间为2016年12月），福建粮食年调入量基本在1200万吨以上。本研究模型中2017—2018年度，福建粮食调入量约为1193万吨。

　　《广东省粮食安全保障"十三五"规划》指出，"十二五"期间，广东省年均外购粮食超过2800万吨。本研究模型中，2012—2013、2017—2018年度粮食调入量均约为1400万吨。但《食用谷物供需状况月报》以及《饲用谷物供需状况月报》本身包括了进口的粮食量，其中2012—2013、2017—2018年度广东的进口粮食量分别约为639万吨和684万吨。另外，如上所述，本研究模型仅考虑了小麦、玉米、稻谷，广东是我国重要的精制食用植物油生产地，以《中国轻工业年鉴》中公布的数据为例，2012年、2017年广东的精制食用植物油产量分别约为474万吨、489万吨，这其中包括豆油、花生油、棕榈油、菜籽油等，豆类等同样计入广东省粮食调入量的统计中，因此本研究模型计算的小麦、玉米、稻谷的广东省粮食调入合计量小于统计数据。另外，统计时间的差异也会在一定程度上影响结果。

《安徽省粮食流通发展规划（2016—2020年）》指出，"十二五"期间，安徽地区每年销往省外的粮食突破1100万吨，本研究模型中，2012—2013年度安徽外调粮食约为1011万吨。

《浙江省粮食和物资储备发展"十四五"规划》指出，"十三五"时期，浙江地区每年从省外净调入粮食1350万吨。本研究模型计算的浙江2017—2018年度净进口小麦、玉米、稻谷共计约1329万吨。

将以上收集到的全国及省级行政区发展规划中的粮食流通量、流通路径数据与本研究模型计算结果进行对比可知，本研究模型的粮食流通量及流通路径与实际结果存在一定的差距，主要原因如上所述，包括：①本研究模型仅计算了小麦、玉米、稻谷的流通量，规划中统计的粮食流通量还包括了大豆等其他作物的流通量，因此结果会存在一定差距；②计算结果的统计方式与发展规划的统计方式存在一定的差异，如仅有通道粮食流通量的统计，并未单独划分每个地区的粮食流入流出量，使得对比存在一定的困难；③本研究模型计算时间尺度与"十二五""十三五"时间尺度存在一定差异。但综合分析全国跨省粮食运输量、省（区、市）运输量以及运输路径等可知，本研究模型的粮食流通量的计算结果与我国现状大体保持一致，数量级等基本吻合。

二、黄河流域外部粮食贸易结果分析

本研究模型根据前文"流域粮食对外贸易量估算方法建立"提出的作物净产量权重法，对黄河流域外部粮食贸易量进行计算。2017—2018年度黄河流域各省（区）小麦对外贸易量计算结果列于表4-3。由于篇幅的限制，未单独列举出其他年度以及玉米、稻谷的对外贸易量计算结果，仅列举了各年度黄河流域各省（区）的小麦、玉米、稻谷对外贸易量计算结果，分别如表4-4至表4-6所示。

表4-3　2017—2018年度黄河流域小麦对外贸易量

单位：万吨

粮食流出地	黄河流域各省（区）小麦流入量								
	青海	甘肃	宁夏	内蒙古	陕西	山西	河南	山东	总计
北京	−0.8	0	0	0	−2.5	0	−2.9	0	−6.2
天津	0	0	0.2	0	0	0	0	0	0.2
河北	0	0	0	0	0	3.1	0	0	3.1
山西	−0.8	−9.3	0	−2	−1.4	0	−2.3	0	−15.8
内蒙古	0	0	0	0	0	10	0	0	10.0
辽宁	−0.1	0	0	0	−4	0	−1.8	0	−5.9
吉林	0	0	0	0	−0.2	0	−0.1	0	−0.3
黑龙江	−0.3	0	0	0	−1.5	0	−1	0	−2.8
上海	−0.1	0	0	0	−1.4	0	−1	0	−2.5
江苏	0	0	0	0	0	0	0	0	0
浙江	−0.2	0	0	0	−0.9	0	−0.8	0	−1.9
安徽	0	0	0	0	0	5.9	0	0	5.9
福建	−0.4	0	0	0	−3.5	0	−2.1	0	−6.0
江西	−0.3	0	0	0	−2.3	0	−1.7	0	−4.3
山东	0	0	0	0	0	0	0	0	0
河南	0	0	11.7	0	0	11.2	0	0	22.9
湖北	0	0	0.6	0	0	0.2	0	0	0.8
湖南	−0.5	0	0	−0.2	−3.3	0	−2.8	0	−6.8
广东	−0.5	−4	0	−0.2	−2.9	0	−2.4	0	−10.0
广西	−0.2	0	0	−0.1	−2.5	0	−0.8	0	−3.6
海南	0	0	0	0	−5	0	−0.4	0	−5.4

（续上表）

粮食流出地	黄河流域各省（区）小麦流入量								
	青海	甘肃	宁夏	内蒙古	陕西	山西	河南	山东	总计
重庆	−0.2	0	0	0	−1.3	0	−0.7	0	−2.2
四川	−0.5	−7.2	0	0	−1.7	0	−0.9	0	−10.3
贵州	0	0	0	0	0	0	0	0	0
云南	0	0	0.9	0	0	0.1	0	0	1.0
西藏	0	0	0	0	0	0	0	0	0
陕西	0	0	2.5	0	−56.5	0.3	0	0	−53.7
甘肃	0	0	0	0	0	5	0	0	5.0
青海	0	0	1.4	0	0	0.3	0	0	1.7
宁夏	−0.8	0	0	0	−2.5	0	−0.5	0	−3.8
新疆	0	0	14.5	0	0	1.6	0	0	16.1
总计	−5.7	−20.5	31.8	−2.5	−93.4	37.7	−22.2	0	−74.8

表4-3中，第一竖列代表粮食流出地，同时第一竖列也包含了黄河流域流经的青海、甘肃、宁夏、内蒙古、陕西、山西、河南、山东，但其指代的是该省（区）黄河流域外的部分。表中数值为正，代表粮食流入黄河流域；数值为负，则代表粮食从黄河流域流出。表4-3显示，2017—2018年度黄河流域的小麦净流出量约为74.8万吨，其中黄河流域陕西地区小麦流出量约为93.4万吨，黄河流域宁夏以及山西小麦流入量超过30万吨。

表4-4　2007—2008、2012—2013以及2017—2018年度黄河流域小麦对外贸易量

单位：万吨

年度	黄河流域各省（区）小麦流入量								
	青海	甘肃	宁夏	内蒙古	陕西	山西	河南	山东	总计
2007—2008	−17.5	57.2	10.0	−48.8	−44.0	70.3	−108.0	−62.9	−143.7
2012—2013	1.2	14.5	1.8	−21.8	−126.4	−13.1	49.0	−44.0	−138.8
2017—2018	−5.7	−20.5	31.8	−2.5	−93.4	37.7	−22.2	0	−74.8

从表4-4可以看出，2007—2008年度黄河流域小麦净流出总量约为143.7万吨。河南的小麦流出量最大，约为108.0万吨，其次是山东，流出量约为62.9万吨。甘肃、宁夏、山西的小麦产量不足以满足当地需求，需从外地调入小麦。

2012—2013年度黄河流域小麦净流出总量约为138.8万吨。陕西的小麦流出量最大，约为126.4万吨，其次是山东，小麦流出量约为44.0万吨。青海、甘肃、宁夏、河南需要调入小麦以满足当地需求。综合三个年度数据来看，黄河流域各省（区）小麦年均净流出量约为119万吨。

表4-5　2007—2008、2012—2013以及2017—2018年度黄河流域玉米对外贸易量

单位：万吨

年度	黄河流域各省（区）玉米流入量								
	青海	甘肃	宁夏	内蒙古	陕西	山西	河南	山东	总计
2007—2008	9.5	−52.3	−79.1	−132.1	−154.0	−144.0	−84.8	−35.7	−672.5
2012—2013	−4.2	−148.6	−64.6	−109.3	−147.2	−251.8	−67.3	0.8	−792.2
2017—2018	−0.3	−203.5	−69.8	15.8	−164.8	−433.6	−134.4	157.2	−833.4

从表4-5可以看出，2007—2008年度黄河流域玉米净流出总量约为672.5万吨。陕西地区的玉米流出量最大，约为154.0万吨，接下来依次是山西144.0万吨以及内蒙古132.1万吨。

2012—2013年度黄河流域净流出玉米总量约为792.2万吨。山西地区的玉米流出量最大，约为251.8万吨，陕西和甘肃地区的玉米流出量均约为148万吨。

2017—2018年度黄河流域玉米净流出总量约为833.4万吨。山西地区的玉米流出量最大，约为433.6万吨，其次是甘肃地区，约为203.5万吨。山东地区的玉米调入量约为157.2万吨。综合三个年度数据来看，黄河流域省（区）玉米年均净流出量约为766万吨。

表4-6 2007—2008、2012—2013以及2017—2018年度黄河流域稻谷对外贸易量

单位：万吨

年度	黄河流域各省（区）稻谷流入量								
	青海	甘肃	宁夏	内蒙古	陕西	山西	河南	山东	总计
2007—2008	26.0	108.6	-2.8	56.7	177.1	134.2	53.6	66.8	620.2
2012—2013	33.0	117.8	-8.6	68.5	197.3	156.0	77.7	73.3	715.0
2017—2018	27.7	106.8	-8.1	64.9	179.8	143.0	104.0	70.9	689.0

从表4-6可以看出，2007—2008年度黄河流域稻谷净流入量约为620.2万吨。流域内陕西稻谷净调入量最大，约为177.1万吨，山西、甘肃的稻谷净调入量分别为134.2万吨和108.6万吨。

2012—2013年度黄河流域稻谷净流入量约为715.0万吨。流域内陕西的稻谷净调入量最大，约为197.3万吨，接下来依次是山西、甘肃，调入量分别为156.0和117.8万吨。

2017—2018年度黄河流域稻谷净流入量约为689.0万吨。黄河流域内陕西的稻谷调入量最大，约为179.8万吨，接下来依次是山西、甘肃和河南，调入量分别为143.0万吨、106.8万吨和104.0万吨。综合三个年度的数据来看，黄河流域各省（区）稻谷年均净流出量约为675万吨。

综合分析黄河流域外部粮食贸易结果可知，黄河流域的小麦和玉米需要向流域外供给，黄河流域基本不产稻谷，需要从流域外大量调入，将三种作物的粮食流入流出量进行加和统计，可知2007—2008年度黄河流域粮食净流出量约为196.0万吨，2012—2013年度黄河流域粮食净流出量约为216.0万吨，2017—2018年度黄河流域粮食净流出量约为219.2万吨。黄河流域多年粮食净流出量基本维持在210万吨。

三、黄河流域内部粮食贸易结果分析

基于各地级市/盟/州的粮食产量、消耗量以及前文"黄河流域内部粮食贸易量估算模型建立"收集到的地级市/盟/州之间的距离以及运输成本等资料，采用MATLAB软件对黄河流域内部粮食贸易路径进行优化求解。其中2017—2018年度黄河流域内部各省（区）小麦具体流通路径如表4-7所示。由于篇幅的限制，此处未单独列举其他年度以及玉米、稻谷的具体流通路径，仅简单列

举了2007—2008、2012—2013以及2017—2018年度黄河流域各省（区）内部小麦、玉米、稻谷的粮食贸易总量，结果分别如表4-8至表4-10所示。

表4-7 2017—2018年度黄河流域内部各省（区）小麦流通路径

粮食目标运输点		粮食起始运输点		运量（万吨）	粮食运输路径				
省（区）	地级市	省（区）	地级市		起始地	运输路径	目的地/中转地	运输路径	目的地/中转地
青海	果洛	青海	海南	0.6	海南	公路运输	果洛		
青海	海北	青海	海东	0.2	海东	宁大线	西宁	青藏线	海北
青海	西宁	青海	海东	1.8	海东	宁大线	西宁		
青海	玉树	青海	海南	0.1	海南	公路运输	玉树		
甘肃	定西	甘肃	天水	1.6	天水	陇海线	定西		
甘肃	甘南	甘肃	平凉	3.4	平凉	宝中线	虢镇	陇海线	定西
					定西	公路运输	甘南		
甘肃	临夏	甘肃	平凉	6.7	平凉	宝中线	虢镇	陇海线	定西
					定西	公路运输	临夏		
甘肃	兰州	甘肃	白银	1.6	白银	包兰线	兰州		
		甘肃	天水	10.5	天水	陇海线	兰州		
		甘肃	平凉	5.7	平凉	宝中线	虢镇	陇海线	兰州
甘肃	武威	甘肃	平凉	0.2	平凉	宝中线	虢镇	陇海线	兰州
					兰州	兰新线	武威		
内蒙古	乌海	内蒙古	巴彦淖尔	1.6	巴彦淖尔	包兰线	乌海		
内蒙古	鄂尔多斯	内蒙古	包头	0.3	包头	包神线	鄂尔多斯		
		内蒙古	巴彦淖尔	4.9	巴彦淖尔	包兰线	包头	包神线	鄂尔多斯
内蒙古	呼和浩特	内蒙古	巴彦淖尔	7.2	巴彦淖尔	包兰线	包头	京包线	呼和浩特
		内蒙古	乌兰察布	0.1	乌兰察布	京包线	呼和浩特		
陕西	商洛	陕西	渭南	1.7	渭南	宁西线	商洛		
陕西	延安	陕西	渭南	18.1	渭南	包西线	延安		
陕西	榆林	陕西	渭南	28.9	渭南	包西线	榆林		
陕西	铜川	陕西	咸阳	0.1	咸阳	咸铜铁路	铜川		

（续上表）

粮食目标运输点		粮食起始运输点		运量（万吨）	粮食运输路径				
省(区)	地级市	省(区)	地级市		起始地	运输路径	目的地/中转地	运输路径	目的地/中转地
山西	晋中	山西	临汾	30.5	临汾	南同蒲线	晋中		
山西	吕梁	山西	运城	36.1	运城	南同蒲线	晋中	介西线	吕梁
山西	太原	山西	临汾	9.8	临汾	南同蒲线	太原		
		山西	运城	43.6	运城	南同蒲线	太原		
河南	安阳	河南	濮阳	10.6	濮阳	汤台线	安阳		
河南	鹤壁	河南	濮阳	3.0	濮阳	汤台线	安阳	京广线	鹤壁
河南	济源	河南	焦作	9.9	焦作	侯月线	济源		
河南	洛阳	河南	新乡	33.2	新乡	新焦线	焦作	焦柳线	洛阳
		河南	焦作	11.6	焦作	焦柳线	洛阳		
河南	三门峡	河南	新乡	26.5	新乡	新焦线	焦作	焦柳线	洛阳
					洛阳	陇海线	三门峡		
河南	郑州	河南	开封	8.0	开封	陇海线	郑州		
		河南	新乡	4.6	新乡	京广线	郑州		
山东	济南	山东	德州	31.2	德州	济晏线	济南		
山东	莱芜	山东	泰安	13.3	泰安	辛泰线	莱芜		
		山东	淄博	3.4	淄博	辛泰线	莱芜		
		山东	济宁	4.8	济宁	京沪线	泰安	辛泰线	莱芜

表4-8　2007—2008、2012—2013以及2017—2018年度黄河流域各省（区）内部小麦贸易量

单位：万吨

年度	青海	甘肃	宁夏	内蒙古	陕西	山西	河南	山东	总计
2007—2008	0.8	4.7	2.3	20.8	49.3	22.8	37.6	35.0	173.3
2012—2013	5.0	34.8	4.3	14.6	50.5	125.2	81.1	49.5	365.0
2017—2018	2.7	29.7	0	14.1	48.8	120.0	107.4	52.7	375.4

表4-8显示，2007—2008年度黄河流域内部小麦贸易总量约为173.3万吨。陕西地区流域内部小麦贸易量最大，约为49.3万吨。河南、山东地区流域内小麦贸易量基本超过35万吨。

2012—2013年度黄河流域内部小麦贸易总量约为365.0万吨。其中山西和河南仍为流域内部小麦贸易量最大的地区，分别为125.2万吨和81.1万吨。

2017—2018年度黄河流域内部小麦贸易总量约为375.4万吨。其中山西和河南地区流域内部小麦贸易量居前两位，分为为120.0万吨和107.4万吨。宁夏地区流域内部小麦贸易量为0，这是因为宁夏流域内各地均存在小麦短缺，需从流域外调入小麦。综合上述三个年度的数据来看，流域内部小麦年均贸易量约为305万吨。

整体来看，青海、宁夏地区流域内部小麦贸易量较小，可能原因包括：①两个地区的小麦产量相对较小；②小麦生产地区之间差异较小，较多地区存在短缺，因此主要从流域外调入小麦。

表4-9　2007—2008、2012—2013以及2017—2018年度黄河流域各省（区）内部玉米贸易量

单位：万吨

年度	青海	甘肃	宁夏	内蒙古	陕西	山西	河南	山东	总计
2007—2008	0	18.9	0	5.7	0	14.6	8.3	31.7	79.2
2012—2013	6.2	14.4	0	8.2	0	15.3	11.2	68.8	124.1
2017—2018	6.9	19.5	2.2	168.7	0	3.2	10.6	37.9	249.0

从表4-9可以看出，2007—2008年度黄河流域内部玉米贸易总量约为79.2万吨。山东地区流域内部玉米贸易量最大，约为31.7万吨，其余地区流域内部玉米贸易量均低于20万吨。陕西、宁夏地区流域内部玉米贸易量为0，原因同上文，即各市级行政区不存在玉米短缺。而青海地区流域内部玉米贸易量为0的原因则在于该地区各市级行政区均存在玉米短缺，因此全省流域内各地区均依赖流域外调入以满足当地玉米需求。

2012—2013年度黄河流域内部玉米贸易总量约为124.1万吨。山东地区流域内部玉米贸易量最高，约为68.8万吨，其余地区流域内部玉米贸易量均低于20万吨。陕西和宁夏地区流域内部玉米贸易量为0，主要也是由于各市级行政区不存在玉米短缺。

2017—2018年度黄河流域内部玉米贸易总量约为249.0万吨。其中内蒙古地区流域内部玉米贸易量最高，超过168万吨，山东地区流域内部玉米贸易量约为37.9万吨，其余地区流域内部玉米贸易量均低于20万吨。陕西地区流域内部玉米贸易量为0，主要是因为流域内部各市级行政区均不存在玉米短缺，因此省内无需进行内部玉米调运。综合上述三个年度的数据来看，流域内部玉米年均贸易量约为151万吨。

整体来看，青海、宁夏、陕西流域内部玉米贸易量较小，可能原因包括：①地区玉米产量相对较小；②玉米生产地区差异较小，较多地区存在短缺或剩余，因此主要从流域外调入玉米或无需进行内部粮食调运。

表4-10　2007—2008、2012—2013以及2017—2018年度黄河流域各省（区）内部稻谷贸易量

单位：万吨

年度	青海	甘肃	宁夏	内蒙古	陕西	山西	河南	山东	总计
2007—2008	0	0	15.7	0	0	0	23.4	0	39.1
2012—2013	0	0	13.3	0	0	0	18.2	0	31.5
2017—2018	0	0	13.6	0	0	0	5.8	0	19.4

从表4-10可以看出，2007—2008、2012—2013以及2017—2018年度黄河流域内部稻谷贸易总量分别约为39.1万吨、31.5万吨和19.4万吨。其中，2007—2008、2012—2013以及2017—2018年度宁夏地区流域内部稻谷贸易总量分别约为15.7万吨、13.3万吨和13.6万吨，河南地区流域内部稻谷贸易总量分别约为23.4万吨、18.2万吨和5.8万吨。流域其他地区的内部稻谷贸易量为0，主要原因是：这些地区的稻谷产量较小，各市级行政区均存在稻谷短缺，因此全省流域内各地区均依赖流域外调入以满足当地稻谷需求。综合上述三个年度的数据来看，流域内部稻谷年均贸易量约为30万吨。

将三种作物的内部粮食贸易量进行加总统计，可知2007—2008年度流域内部粮食贸易量约为291.6万吨，2012—2013年度流域内部粮食贸易量约为520.6万吨，2017—2018年度黄河流域内部粮食贸易量约为643.8万吨。由于社会、经济以及人口快速变化，流域产需结构更加不均衡，这使得流域内部

粮食贸易量以及全国的省际粮食贸易量均呈上升趋势。

本研究模型在分析黄河流域内部各省（区、市）小麦、玉米贸易路径和贸易量的基础上，整理了黄河流域各铁路每年度的小麦、玉米货运量，各铁路2007—2008、2012—2013以及2017—2018年度的小麦货运量如表4-11所示，各铁路2007—2008、2012—2013以及2017—2018年度的玉米货运量如表4-12所示。

表4-11 2007—2008、2012—2013以及2017—2018年度黄河流域内部各铁路小麦货运量

单位：万吨

铁路线路名称	2007—2008年度	2012—2013年度	2017—2018年度	平均值
南同蒲线	22.8	125.2	120	89.3
陇海线	43.1	38.8	62.6	48.2
包西线	46	49	47	47.3
焦柳线	25.3	32.2	71.3	42.9
新焦线	0	33.5	59.7	31.1
介西线	0	39.9	36.1	25.3
济晏线	15.7	23.8	31.2	23.6
辛泰线	15.5	20.2	21.5	19.1
宝中线	4.6	35.2	16	18.6
包兰线	23.1	15.6	10.7	16.5
汤台线	3.9	11.9	13.6	9.8
京广线	0.3	20.2	7.6	9.4
侯月线	4.3	12.7	9.9	9
京包线	10.6	6.1	7.3	8
包神线	4.1	4.5	4.9	4.5
北同蒲线	0	12.7	0	4.2
张东线	3.8	5.5	0	3.1

（续上表）

铁路线路名称	2007—2008年度	2012—2013年度	2017—2018年度	平均值
宁大线	0	4.3	2	2.1
宁西线	2.6	1.4	1.7	1.9
京沪线	0	1	4.8	1.9
太焦线	0	2.8	0	0.9
咸铜铁路	0.7	0.1	0.1	0.3
青藏线	0	0	0.2	0.1
兰新线	0	0	0.2	0.1

表4-11显示，南同蒲线是黄河流域小麦运输的重要通道，山西市级行政区之间的小麦产量差异较大，因此该省流域内小麦运输量相对较大，且对南同蒲线的依赖较重。另外，黄河流域的小麦运输对陇海线、包西线的依赖也较重，陇海线是甘肃境内、河南境内的小麦流通重要通道，关中渭南等地的小麦则主要通过包西线运送到延安、榆林等陕北地区。

表4-12　2007—2008、2012—2013以及2017—2018年度黄河流域内部
各铁路玉米货运量

单位：万吨

铁路线路名称	2007—2008年度	2012—2013年度	2017—2018年度	平均值
包兰线	13.4	16.5	174.8	68.2
济晏线	15	36.3	28.6	26.6
包神线	0	0	70.3	23.4
京沪线	7.3	19.7	9.3	12.1
邯济线	0	17.6	14.9	10.8
石太线	12.3	12.2	0	8.2
辛泰线	7	16.5	0	7.8
京包线	0	0	21.3	7.1
陇海线	10.1	5	5.8	7

（续上表）

铁路线路名称	2007—2008年度	2012—2013年度	2017—2018年度	平均值
新石线	0	7.3	8.8	5.4
北同蒲线	3.1	8.3	3.2	4.9
张东线	3.5	6.9	0	3.5
焦柳线	1.8	3.1	4.8	3.2
宁大线	0	4.4	4.7	3
兰新线	1.6	2	2.7	2.1
汤台线	2.9	3.1	0	2
临策线	0	0	4	1.3
太焦线	0	3.1	0	1
青藏线	0	0.5	0.6	0.4

表4-12显示，包兰线、济晏线、包神线是黄河流域玉米运输的重要通道，内蒙古地区黄河流域内的玉米流通主要依赖包兰线和包神线，另外，宁夏、甘肃等地流域内的玉米流通也有一部分经过包兰线，这使得包兰线的黄河流域玉米流通量最大。山东的玉米产量分布较为不均，且山东是全国玉米消耗量最大的地区，山东的省会济南因此需要消耗大量的玉米，而济晏线是德州玉米运输到济南的主要线路，所以山东对济晏线依赖相对较重。

第五章　黄河流域粮食生产、贸易过程水足迹量化

水足迹反映了某地区生产产品和提供服务所需要的水资源量，本章引入水足迹概念量化黄河流域小麦、玉米以及少部分稻谷生产（主要考虑粮食生长阶段）、贸易过程中的水足迹，并对水足迹的空间分布规律、粮食贸易伴随的虚拟水转移状况等进行研究。作物生长阶段水足迹和贸易水足迹量化可为流域水资源规划管理、水资源优化配置以及节水措施制定等提供参考。

第一节　粮食生产、贸易水足迹量化

一、粮食生产、贸易水足迹量化边界

本章量化了粮食生产过程中水资源利用总量以及贸易过程中伴随的水资源转移量，借鉴区域内部和外部水足迹计算方法，将粮食生产、贸易水足迹细分为粮食生产水足迹和粮食贸易水足迹，如图5-1所示。

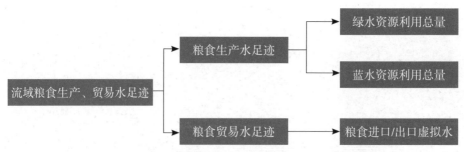

图5-1　黄河流域粮食生产、贸易过程水足迹量化边界

（1）粮食生产水足迹。粮食生产水足迹是指粮食生产阶段直接和间接消耗的水资源量。由于在粮食生产过程中会消耗大量的水资源，本研究中粮食生产水足迹主要指的是粮食生长阶段的水资源利用总量，考虑了粮食生产总绿水足迹（绿水资源利用总量）和粮食生产总蓝水足迹（蓝水资源利用总量）。因灰水足迹不是作物在生长阶段的消耗性用水，且对于灰水足迹的计算仍处于讨论阶段，故本研究未考虑灰水足迹，只计算作物生长阶段中的消耗性用水包括作物生产蓝水足迹和绿水足迹。

（2）粮食贸易水足迹。粮食进出口贸易中粮食作物转移同时会伴随粮食作物虚拟水的转移，本研究中粮食贸易水足迹指的是粮食贸易过程中伴随的虚拟水流入/流出量。

粮食生产、贸易水足迹的计算式如下：

$$\begin{cases} WF_{sc}=WF_{green}+WF_{blue} \\ WF_{my}=WF_{jk}-WF_{ck} \end{cases} \quad （5\text{-}1）$$

式中，WF_{sc} 为粮食生产水足迹，WF_{my} 为粮食贸易水足迹，WF_{green} 为粮食生产总绿水足迹，WF_{blue} 为粮食生产总蓝水足迹，WF_{jk} 为粮食进口伴随的虚拟水流入量，WF_{ck} 为粮食出口伴随的虚拟水流出量，单位均为 m^3。

二、粮食生产水足迹量化

本章基于单位质量粮食生产水足迹来推求粮食生产水足迹，如下式：

$$WF_{sc}=WFP \times CY \quad （5\text{-}2）$$

$$WF_{green}=WFP_G \times CY \quad （5\text{-}3）$$

$$WF_{blue}=WFP_B \times CY \quad （5\text{-}4）$$

式中，WFP、WFP_G、WFP_B 分别为单位质量粮食生产总水足迹、单位质量粮食生产绿水足迹和单位质量粮食生产蓝水足迹，单位均为 m^3/kg；CY 为粮食总产量，单位为 kg。

本章基于区域用水量的作物生产水足迹量化方法对黄河流域单位质量粮食生产的绿水足迹、蓝水足迹以及总水足迹进行量化。过程介绍如下：单位质量粮食生产绿水足迹按照生育期的有效降水量进行量化；对于单位质量粮食生产蓝水足迹，则根据Sun等（2013）提出的基于区域实际灌溉用水量、各种作物的灌溉面积和灌溉定额，计算水源到农田的损失水量和回水量；最后将粮食生产绿水足迹和蓝水足迹相加，得到单位质量粮食生产总水足迹。

如下式：

$$WFP=WFP_G+WFP_B=\frac{W_g}{YA}+\frac{W_b}{YA} \qquad (5-5)$$

$$W_g=10\min(\sum_{i=1}^{dt}ET_c^i,\sum_{i=1}^{dt}P_e^i) \qquad (5-6)$$

$$W_b=IRC \qquad (5-7)$$

式中，W_g为作物单位面积绿水利用量，单位为m³/hm²；W_b为作物单位面积蓝水利用量，单位为m³/hm²；YA是指单位面积产量，单位为kg/hm²；10是将单位（mm）转化为单位面积水量（m³/hm²）的转化系数；ET_c为作物蒸发蒸腾量，单位为mm；P_e为作物生育期的有效降水量，单位为mm；IRC指的是区域作物单位面积的实际灌溉用水量，单位为m³/hm²。dt表示生育期长度，笔者通过查阅大量文献确定黄河流域不同区域作物的种植日期及生育期天数。

作物蒸发腾发量ET_c推求：

作物蒸发腾发量ET_c指的是作物需水量，是指作物在理想状态下进行蒸腾作用需消耗的水资源量。本章采用作物系数法对作物需水量进行推求，公式如下：

$$ET_c=ET_0\times K_c \qquad (5-8)$$

式（5-8）中，ET_c为作物需水量，单位为mm；ET_0为参照作物需水量，单位为mm；K_c为作物系数，影响K_c的因素主要包括作物品种、气候条件以及生长阶段。黄河流域各地区的气象差异导致各地区K_c值也存在差异，笔者通过查阅大量文献确定黄河流域不同区域作物的K_c值。

本章采用联合国粮农组织推荐的Penman–Monteith公式计算参照作物需水量。如下式：

$$ET_0=\frac{0.408\Delta(R_n-G)+\gamma\dfrac{900}{T+273}U_2(e_s-e_a)}{\Delta+\gamma(1-0.34U_2)} \qquad (5-9)$$

ET_0：参照作物需水量（mm）；

Δ：温度与饱和水汽压曲线在T处的切线斜率（kPa/℃）；

R_n：作物表面的净辐射［MJ/（m²·d）］；

G：土壤热通量［MJ/（m²·d）］；

γ：干湿度常量（kPa/℃）；

T：日平均气温（℃）；

U_2：2 m高的风速（m/s）；

e_s：饱和水气压（kPa）；

e_a：实际水气压（kPa）；

(e_s-e_a)：饱和水汽压与实测水汽压的差值。

有效降水量P_e推求：

有效降雨量是指能被作物直接或间接利用及农田其他必要消耗的全年或季节性降雨量的总和。本章选取美国农业部水土保持局推荐的USDA-SCS方法计算有效降水量，如下式：

$$\begin{cases} P_e = \dfrac{P(125-0.2P)}{125}；\ P < 250 \text{ mm} \\ P_e = 125 + 0.1P；\ P \geqslant 250 \text{ mm} \end{cases} \quad (5-10)$$

式（5-10）中，P为月降水量，单位为mm；P_e是月有效水量，单位为mm。将作物生长发育期P_e进行求和即得到作物全生育期的有效降水量。

作物单位面积消耗的实际灌溉用水量的计算式如下：

$$IRC = \frac{W_A \times P_w}{IA} \quad (5-11)$$

式（5-11）中，W_A是区域农作物蓝水利用量，单位为m³；P_w指的是作物蓝水利用量占区域农作物蓝水利用总量的比例，当有灌溉定额时P_w利用公式（5-12）计算，否则利用式（5-13）进行计算。

$$P_w = \frac{IQ \times IA}{\sum_{cn=1}^{z} (IQ_{cn} \times IA_{cn})} \quad (5-12)$$

$$P_w = \frac{(ET_c - P_e) \times IA}{\sum_{cn=1}^{z} [(ET_c^{cn} - P_e^{cn}) \times IA_{cn}]} \quad (5-13)$$

式（5-12）和（5-13）中，IQ为区域作物灌溉定额，单位为m³/hm²；IA为作物灌溉面积，单位为hm²；cn表灌溉作物种类；ET_c和P_e的计算详见式（5-8）至式（5-10）。

本书的研究对象为黄河流域，截至2023年12月，《黄河水资源公报》公布的流域灌溉用水量资料仅有各省（区、市）的资料，本章采用以下方式确定黄河流域各市级行政区范围灌溉用水量：①如果市级行政区全部在黄河流域，则黄河流域范围灌溉用水量等于全市级行政区灌溉用水量，其中市级行政区灌溉用水量来源于各省（区、市）水资源公报；②如果市级行政区部分在黄河流域，则首先根据SPAM确定各市级行政区黄河流域范围内作物灌溉面积占市级行政区作物灌溉总面积的比例，然后根据灌溉需水量比例将全市级行政区灌溉水量划分到各市级行政区黄河流域范围。经过上述处理，将同省（区、市）各市级行政区灌溉用水量进行加总，与《黄河水资源公报》各省（区、市）以及水利部黄河水利委员会给定的黄河流域部分市级行政区灌溉用水量资料进行对比，结果差异不大，因此本研究认为该方法具有一定的合理性，可以用于后续黄河流域水足迹分析研究。

三、粮食贸易水足迹量化

粮食流通过程会伴随粮食作物虚拟水的流入/流出，借鉴公式（5-2）至公式（5-4），粮食进口与粮食出口伴随的虚拟水流动量计算式如下：

$$WF_{jkd} = \sum_{i=1}^{jk} (WFP_{jkd}^{i} \times CY_{jkl}^{i}) \qquad （5-14）$$

$$WF_{ck} = WFP_{ck} \times CY_{ck} \qquad （5-15）$$

式中，WF_{jkd}表示粮食进口伴随的虚拟水流入量，单位为m³；WFP_{jkd}为从不同地区进口粮食的单位质量粮食生产总水足迹，单位为m³/kg；jk表示总粮食进口来源地的个数；CY_{jkl}表示从不同地区进口的粮食总量，单位为kg；WF_{ck}表示粮食出口伴随的虚拟水流出量，单位为m³；WFP_{ck}为粮食出口地区的单位质量粮食生长总水足迹，单位为m³/kg；CY_{ck}表示出口地区的粮食出口总量，单位为kg。

第二节 黄河流域粮食生产、贸易水足迹计算结果分析

一、粮食生产水足迹结果分析

根据本章第一节"粮食生产、贸易水足迹量化"介绍的计算方法，本节计算了2011—2018年各市级行政区小麦、玉米、稻谷单位质量粮食每年的生产绿水足迹、蓝水足迹以及总水足迹，进一步根据各市级行政区的计算结果，整理了黄河流域各省（区）单位质量小麦、玉米、稻谷生产年均绿水足迹、蓝水足迹、总水足迹，数值如图5-2所示，蓝水足迹、绿水足迹占比如图5-3所示。

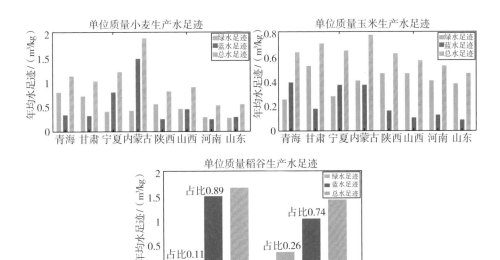

图5-2 黄河流域各省（区）单位质量粮食生产年均绿水足迹、蓝水足迹、总水足迹

从图5-2可以看出，黄河流域单位质量小麦生产绿水足迹的低值区主要位于流域的河南、山东地区，主要原因可能是下游主要生产冬小麦，冬季降雨相对较少，所以这两个地区单位质量小麦生产绿水足迹相对较小。陕西和山西同样生产冬小麦，但生育期时长略长于河南和山东，因此，绿水足迹比河南和山东略大。流域单位质量玉米生产年均绿水足迹的低值区主要位于宁夏、内蒙古、青海的部分地区，主要原因是这些地区的降水量相对较小。宁夏单位质量稻谷生产年均绿水足迹小于河南地区，主要是因为宁夏地区的降水量小于河南地区的降水量。本节的空间分布研究结果与宋欣爽（2017）的研究结果相一致。

流域单位质量小麦与玉米年均蓝水足迹空间分布一致性较高。流域单位质量小麦和玉米生产年均蓝水足迹的高值区主要位于宁夏和内蒙古地区，这主要是因为宁蒙灌区降水偏少，而蒸发量较大，故该地区实施大规模灌溉，取水量较大，因此该地区的单位质量粮食生产年均蓝水足迹相对较大。流域单位质量小麦和玉米生产年均蓝水足迹的低值区主要位于河南和山东等地。本节的空间分布研究结果与宋欣爽（2017）的研究结果相一致。另外，对比单位质量小麦和玉米生产年均水足迹两个分图可知，单位质量小麦生产年均蓝水足迹大于单位质量玉米生产年均蓝水足迹，主要原因是：玉米的生育期基本与流域的丰水期相一致，降水资源更加充沛。宁夏单位质量稻谷生产年均蓝水足迹高于河南，主要原因是宁夏地区降水少而蒸发量更大。

黄河流域单位质量小麦、玉米生产年均总水足迹空间分布相对一致，基本呈现出从上游到下游递减的趋势。宁夏的稻谷生产年均总水足迹高于河南，这与宋欣爽（2017）和卓拉等（2019）的研究结果相一致。山东和河南等地由于粮食单产相对较高，同时该地区农业生产水平较高，因此该地区的单位质量粮食生产年均总水足迹相对较小。

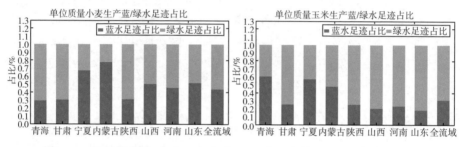

图5-3　黄河流域各省（区）小麦、玉米生产年均蓝/绿水足迹占比

图5-3表明，流域粮食生产年均蓝水足迹占比的高值分布与大型灌区位置分布紧密相关，如宁蒙灌区和下游的黄淮海引黄灌区等，宁夏、内蒙古等地的粮食生产年均蓝水足迹占比相对较高，与卓拉等（2019）的研究结果相一致。另外，对比图5-3左右两个分图可知，从全流域来讲，小麦生产蓝水足迹占比较高，接近50%，这主要是由于上游的降水量较少，需要较大的灌溉水量，下游由于蒸发量较高也需要较多的灌溉水量以提高粮食产量。流域的粮食生产对蓝水资源的依赖较重。流域的玉米生产蓝水足迹占比接近30%，玉米生产蓝水足迹占比小于小麦生产的蓝水足迹占比，可能的原因是玉米生长期与降水丰水期较为一致，因此与小麦相比，玉米生长可以更多地利用绿水资源，进而降低了蓝水资源利用量以及蓝水足迹占比，宋欣爽（2017）同样表明黄河流域玉米蓝水足迹占比低于小麦蓝水足迹占比。宁夏地区单位质量稻谷生产年均蓝水足迹占比（89%）高于河南地区的蓝水足迹占比（74%）（见图5-2）。黄河流域的稻谷生产对蓝水资源的依赖重于小麦和玉米。

根据式（5-2）至式（5-4）计算的流域各省级行政区多年平均小麦、玉米、稻谷生长阶段总水足迹如图5-4所示。

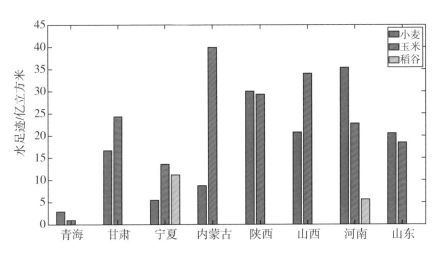

图5-4 黄河流域小麦、玉米、稻谷生产年均总水足迹

图5-4表明，粮食产量高值区对应较高的粮食生产水足迹，消耗的水资源量相对更大。根据第三章可知，黄河流域小麦的主产区主要位于河南、陕西和山东等地，因此，上述地区的小麦生产水足迹较大。黄河流域玉米的主产区位于山西、内蒙古和陕西等地，同样这些地区的玉米生产水足迹也较大。黄河流域宁夏稻谷产量大于河南稻谷产量，宁夏稻谷生产水足迹同样大于河南稻谷生产水足迹。总体来看，河南、内蒙古、宁夏的小麦、玉米、稻谷生产年均水足迹分别最高，数值分别约为35亿立方米、40亿立方米、11亿立方米。黄河流域小麦生产年均水足迹约为143亿立方米，玉米生产年均水足迹约为186亿立方米，稻谷生产年均水足迹约为19亿立方米。

二、粮食贸易水足迹转移结果分析

基于第四章的黄河流域粮食对外贸易量以及黄河流域内部各市级行政区粮食贸易量，根据作物净产量权重法计算各市级行政区粮食对外贸易量及水足迹计算结果，整理黄河流域粮食对外贸易过程中的省级行政区贸易水足迹，结果如图5-5和图5-6所示。本研究仅计算了两个年度，即2012—2013年度以及2017—2018年度，这是因为多区域投入产出数据每隔5年发布一次，且水足迹计算的时间尺度为2011—2018年。

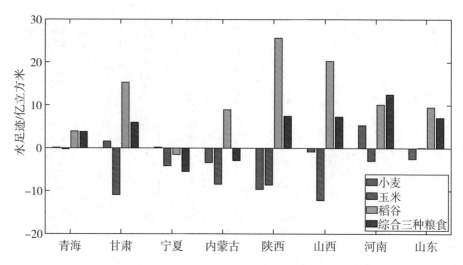

图5-5　2012—2013年度黄河流域粮食对外贸易过程中省（区）粮食贸易水足迹

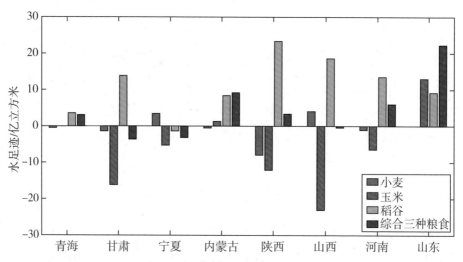

图5-6　2017—2018年度黄河流域粮食对外贸易过程中省（区）粮食贸易水足迹

图5-5和图5-6中，数值为负代表粮食流出、虚拟水流出，反之，数值为正代表粮食流入、虚拟水流入。整体来看，黄河流域的虚拟水流入流出与第三章的粮食净产量分布较为一致，净产量较大地区一般对应较大的虚拟水流出，粮食短缺量较大区域一般对应较大的虚拟水流入。

由图5-5可知，2012—2013年度，黄河流域粮食对外贸易过程中，陕西的小麦和山西的玉米虚拟水流出量分别最大，分别约为10亿立方米和12亿立方米。全流域除宁夏外都存在稻谷虚拟水流入特性，且陕西地区是虚拟水流入量最大地区，流入量约为26亿立方米。综合三种作物来看，青海、甘肃、陕西、山西、河南、山东呈现虚拟水流入特征，宁夏和内蒙古呈现虚拟水流出特征。整个黄河流域，总虚拟水流入量约为101亿立方米，总虚拟水流出量约为65亿立方米，净虚拟水流入量约为36亿立方米。

　　由图5-6可知，2017—2018年度，黄河流域粮食对外贸易过程中，陕西的小麦虚拟水流出量最大，约为8亿立方米，山西的玉米虚拟水流出量最大，约为23亿立方米，对于稻谷而言，除宁夏外，全流域各省（区）均存在虚拟水流入，且陕西地区由于人口较多，稻谷的虚拟水流入量最大，约为23亿立方米。综合三种作物来看，青海、内蒙古、陕西、河南、山东呈现虚拟水流入特征，甘肃、宁夏、山西呈现虚拟水流出特征。整个黄河流域，总虚拟水流入量约为113亿立方米，总虚拟水流出量约为76亿立方米，净虚拟水流入量约为37亿立方米。

第六章　黄河流域粮食生产、贸易过程碳足迹量化

碳足迹可反映特定时段内直接或间接排放的温室气体量，本章采用碳足迹的思想对作物生长阶段各农用物资投入以及化石能源使用产生的温室气体进行统一量化，以黄河流域小麦、玉米、稻谷三种粮食作物为例，采用碳足迹概念计算三种粮食生产过程（主要考虑粮食生长阶段）的温室气体排放量，分析流域粮食生产碳足迹的空间分布规律，并对粮食贸易过程伴随的隐含碳足迹转移进行综合分析。粮食生产碳足迹以及贸易碳足迹量化是正确认识粮食生产、贸易对生态环境影响的基础，对构建现代粮食产业低碳发展模式具有重要意义。

第一节　粮食生产、贸易碳足迹量化

一、粮食生产、贸易碳足迹量化边界

本节计算了粮食生产过程（主要指粮食生长阶段，并未考虑加工阶段）涉及的耕地、播种、养护、收获等环节的碳排放。未考虑粮食收获后秸秆等剩余物被加工、焚烧等产生的碳排放的主要原因为本节的研究重点是对粮食生产资源——水资源和能源的利用状况进行分析，剩余物加工及焚烧的碳排放不在粮食生长阶段能源利用碳排放核算范畴内。另外，考虑到本节的研究重点，本节未进行碳汇研究。基于生命周期理论，碳足迹量化边界介绍如下。

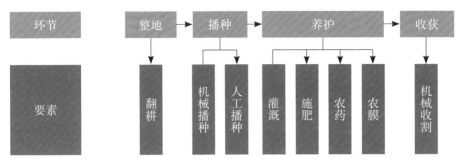

图6-1　黄河流域粮食生长阶段碳足迹量化边界

如图6-1所示，粮食生长阶段中的碳排放来源主要有：

（1）农田翻耕使得有机碳流失；

（2）种子碳排放；

（3）化肥、农药、农膜等农用物资投入导致的温室气体排放；

（4）化石能源使用导致的碳排放。这是因为现代农业的作物生长过程（整地、播种、收获、灌溉）离不开大量农用机械的帮助，机械的使用需消耗化石能源，主要包括柴油和电力，进而产生碳排放。

本节采用碳足迹的概念对粮食生长阶段各农用物资投入以及化石能源使用产生的直接或间接温室气体进行统一量化，以便对利用不同资源产生的环境影响进行比较。统一采用碳（C）当量反映粮食生产过程中能源利用（包括农用物资投入和化石能源）产生的温室气体排放量。

根据上述碳足迹量化边界以及借鉴第五章中粮食生产水足迹、粮食贸易水足迹量化边界的确定思路，将粮食生产、贸易碳足迹同样分为两部分：粮食生产碳足迹、粮食贸易碳足迹。粮食生产碳足迹指的是粮食生长阶段的总资源消耗所产生的碳排放，粮食贸易碳足迹指的是粮食贸易过程中伴随的隐含碳流入/流出量。计算式如下：

$$\begin{cases} CF_{sc}=CE_{turn}+CE_{seed}+CE_{fertilizer}+CE_{pesticide}+CE_{agricultural\,film}+CE_{machine}+CE_{irrigation} \\ CF_{my}=CF_{jk}-CF_{ck} \end{cases} \quad (6\text{-}1)$$

式（6-1）中，CF_{sc}为粮食生产碳足迹（万吨）；CF_{my}为粮食贸易碳足迹（万吨）；CE_{turn}表示农田翻耕碳排放量（万吨）；CE_{seed}代表种子碳排放量（万吨）；$CE_{fertilizer}$表示化肥碳排放量（万吨）；$CE_{pesticide}$为农药碳排放量（万吨）；$CE_{agricultural\,film}$是农膜碳排放量（万吨）；$CE_{machine}$是指农业机械使用的碳排放（万吨）；$CE_{irrigation}$代表灌溉产生的碳排放（万吨）；CF_{jk}为粮食进口伴随的隐含碳流入量（表明其他地区为该地粮食供给承担的碳排放量），单位为万吨；CF_{ck}为粮食出口伴随的隐含碳流出量（表明该地区为其他地区粮食供给承担的碳排放量），单位为万吨。

二、粮食生产碳足迹量化

粮食生长阶段碳排放主要包括以下方面。

（1）农田翻耕使得有机碳流失。

$$CE_{turn}=A_{turn} \times EF_{turn} \times 10^{-7} \tag{6-2}$$

式（6-2）中，A_{turn} 是翻耕面积（km²），本研究中翻耕面积取播种面积，EF_{turn} 是翻耕的碳排放因子，对于小麦和玉米而言，EF_{turn}=312.60 kg/km²，该参考数值来源于中国农业大学农学与生物技术学院。

（2）种子碳排放。

$$CE_{seed}=SA \times Unit_{seed} \times EF_{seed} \times 10^{-7} \tag{6-3}$$

式（6-3）中，SA 是指播种面积（hm²）；$Unit_{seed}$ 是指单位面积种子使用量（kg/hm²），本研究中单位面积种子使用量来源于《全国农产品成本收益资料汇编》；EF_{seed} 是种子的碳排放因子，对于小麦而言，EF_{seed}=0.11 kg/kg；对于玉米而言，EF_{seed}=1.05 kg/kg；对于稻谷而言，EF_{seed}=0.86 kg/kg；参考数值来源于收集的文献。

（3）化肥、农药、农膜等农用物资投入导致的碳排放。

其中，化肥碳排放的计算公式为：

$$CE_{fertilizer}=SA \times Unit_{fertilizer} \times EF_{fertilizer} \times 10^{-7} \tag{6-4}$$

式（6-4）中，$Unit_{fertilizer}$ 是单位面积化肥使用量（kg/hm²），每种粮食生产中所使用的化肥包括氮肥、磷肥、钾肥和复合肥的单位面积使用量来源于《全国农产品成本收益资料汇编》；$EF_{fertilizer}$ 是化肥的碳排放因子，对氮肥而言，$EF_{fertilizer}$=1.74 kg/kg；对磷肥而言，$EF_{fertilizer}$=0.16509 kg/kg；对钾肥而言，$EF_{fertilizer}$=0.12028 kg/kg；对复合肥而言，$EF_{fertilizer}$=0.38097 kg/kg；参考数值来源于收集的文献。

农药碳排放的计算公式为：

$$CE_{pesticide}=DC \times Unit_{pesticide} \times EF_{pesticide} \times 10^{-7} \tag{6-5}$$

式（6-5）中，DC 表明粮食产量（t）；$Unit_{pesticide}$ 是单位质量粮食生产的农药使用量（kg/t），笔者通过文献收集、调研得知我国单位质量粮食生产的农药使用量，我国生产每吨小麦、玉米、稻谷使用的农药分别为0.599 kg、0.608 kg和1.824 kg。$EF_{pesticide}$是农药的碳排放因子，$EF_{pesticide}$=4.9341 kg/kg，该参考数值来源于美国橡树岭国家实验室。

农膜碳排放的计算公式为：

$$CE_{agricultural\,film}=SA \times Unit_{agricultural\,film} \times EF_{agricultural\,film} \times 10^{-7} \qquad (6-6)$$

式（6-6）中，$Unit_{agricultural\,film}$是单位面积农膜使用量（kg/hm^2），每种粮食生产的单位面积农膜使用量来源于《全国农产品成本收益资料汇编》；$EF_{agricultural\,film}$是农膜的碳排放因子，$EF_{agricultural\,film}$=5.18 kg/kg，该参考数值来源于南京农业大学农业资源与生态环境研究所。

（4）化石能源消耗碳排放。

农业机械碳排放：

整地、播种、收获等环节需要利用农业机械，农业机械使用过程中消耗柴油会产生碳排放。计算式如下：

$$CE_{machine}=SA \times Unit_{diesel} \times EF_{diesel} \times 10^{-7} \qquad (6-7)$$

式（6-7）中，$Unit_{diesel}$是单位面积粮食生产的柴油使用量（kg/hm^2），笔者通过文献收集、调研得知我国单位面积粮食生产的柴油消耗量，如表6-1所示。EF_{diesel}是柴油的碳排放因子，EF_{diesel}=0.5927 kg/kg，该参考数值来源于联合国政府间气候变化专门委员会（Intergovernmental Panel on Climate Change，IPCC）。

表6-1 每公顷粮食生产田间作业柴油消耗量

单位：kg/hm^2

粮食作物品种	播种	整地	收获
小麦/玉米/稻谷	38.9	63.2	65.9

灌溉碳排放：

抽水、提水灌溉等需要消耗能源，进而产生碳排放，灌溉碳排放计算公式如下：

$$CE_{irrigation}=WF_{blue} \times (U_{diesel} \times EF_{diesel}+U_{electricity} \times EF_{electricity}) \times 10^{-7} \qquad (6-8)$$

式（6-8）中，WF_{blue}是粮食生产总蓝水足迹（m^3），计算详见第五章；U_{diesel}是抽、提取每立方米水量的柴油消耗量（kg/m^3），$U_{electricity}$是抽、提取每立方米水量的电能消耗量（kWh/m^3）。通过查阅文献可知，

U_{diesel}=0.00397908 kg/m³，$U_{electricity}$=0.03967 kWh/m³。电能的碳排放因子 $EF_{electricity}$=0.25 kg/kWh，电能碳排放因子的参考数值来源于收集的文献。

根据上述公式即可计算粮食生产碳足迹，进而可计算单位质量粮食生产碳足迹UCE（kg/kg），如式（6-9）所示。单位质量碳足迹反映了生产单位质量粮食的变暖效应。其值越高，表明粮食生产对环境的不利影响越大。

$$UCE=\frac{CF_{sc} \times 10000}{DC} \qquad (6-9)$$

三、粮食贸易碳足迹量化

粮食流通过程会伴随粮食隐含碳的流入/流出，粮食流出地区需要承担粮食进口区域的碳排放，粮食进口区域则减少了本地的粮食生产碳排放，根据单位质量粮食生产碳足迹以及粮食转移量可计算出隐含碳转移量，计算式如下：

$$CF_{jkd}=\sum_{i=1}^{jk}(UCE_{jkd}^{i} \times CY_{jkl}^{i} \div 10^{7}) \qquad (6-10)$$

$$CF_{ck}=UCE_{ckd} \times CY_{ck} \div 10^{7} \qquad (6-11)$$

式（6-10）和（6-11）中，CF_{jkd}表示粮食进口伴随的隐含碳流入量（万吨）；UCE_{jkd}为从不同地区进口粮食的单位质量粮食生产碳足迹（kg/kg）；CF_{ck}表示粮食出口伴随的隐含碳流出量（万吨）；UCE_{ckd}为粮食出口地区的单位质量粮食生产碳足迹（kg/kg）。

第二节　黄河流域粮食生产、贸易碳足迹计算结果分析

一、粮食生产碳足迹结果分析

根据本章第一节"粮食生产、贸易碳足迹量化"介绍的计算方法，计算了2011—2018年各市级行政区的小麦、玉米、稻谷单位质量粮食生产碳足迹，进一步根据各市级行政区计算结果，整理了黄河流域省（区）单位质量小麦、玉米、稻谷生产年均碳足迹，如图6-2所示。小麦、玉米、稻谷各项投入要素年均碳排放占比如图6-3所示。

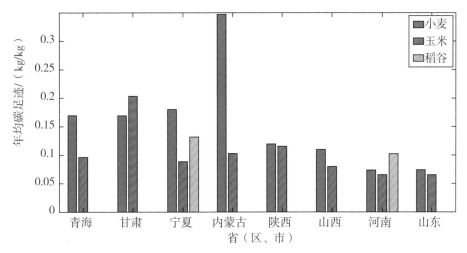

图6-2 黄河流域各省（区）单位质量粮食生产年均碳足迹

图6-2中，黄河流域单位质量小麦生产年均碳足迹的高值区主要位于内蒙古，主要原因是内蒙古单位面积化肥尤其是氮肥使用量相对较大，且该地区单位质量小麦生产年均蓝水足迹相对较大（如图5-2所示）。低值区主要位于黄河流域下游的河南和山东等地。黄河流域单位质量玉米生产年均碳足迹的高值区主要位于甘肃和陕西，低值区同样位于黄河流域下游的河南和山东等地。甘肃和陕西地区单位质量玉米生产年均碳足迹较大主要是由于在这两地的玉米生长过程中农膜和化肥的使用量相对较大。宁夏地区单位质量稻谷生产年均碳足迹高于河南地区，这是由于宁夏地区的单位播种面积种子使用量相对较大，且单位质量稻谷生产年均蓝水足迹相对较大（如图5-2所示）。

根据图6-3可知，化肥的使用是各地区各粮食生长过程总碳排放量的重要来源。对于小麦生长而言，黄河流域各省（区）化肥使用的年均碳排放占年均总碳排放的60%以上。对于玉米而言，除青海和甘肃外，其余地区化肥使用的年均碳排放同样占年均总碳排放的60%以上。青海和甘肃地区化肥使用的年均碳排放占比相对较低的原因在于：农膜的使用也是该地区玉米总碳排量的重要来源，在这两地的玉米生长过程中，农膜使用量明显高于其余地区，使得这两个地区的农膜碳排放占比提高，进而降低了化肥的碳排放占比。在稻谷生长过程中，化肥的碳排放占比同样较高，河南地区化肥碳排放占比超过60%，宁夏地区化肥碳排放占比接近40%。对于宁夏地区而言，稻谷生长过程中种子的投入也是碳排放的重要来源，进而拉低了化肥的碳排放占比。

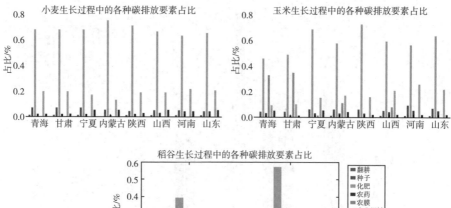

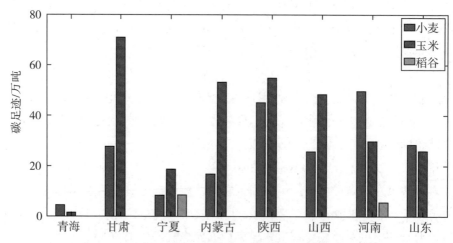

图6-3 黄河流域各省（区）小麦、玉米、稻谷生长过程中的各种要素年均碳排放占比

本节在单位质量粮食生产年均碳足迹的基础上，根据各地区粮食产量绘制了黄河流域省（区）粮食生产年均碳足迹，如图6-4所示。

图6-4 黄河流域各省（区）粮食生产年均碳足迹

与黄河流域粮食生产水足迹结果基本一致，粮食高产区一般对应较大的粮食生产碳足迹（生长阶段总碳足迹），会产生更多的碳排放。河南、陕西、山东等地是流域小麦主产区，因此这些地区的小麦生产碳足迹相对较大。山西、内蒙古是重要的玉米生产地，其玉米生产碳足迹同样相对较大。甘肃的小麦、玉米生产碳足迹都相对较大的原因在于该地区单位质量粮食生产蓝水足迹相对较大，农用物资的使用量同样相对较大。宁夏稻谷产量大于河南稻谷产量，宁夏地区的稻谷生产碳足迹也大于河南地区。

总体来看，小麦、玉米、稻谷生产碳足迹最大的分别是河南、甘肃、宁夏，数值分别约为50万吨、71万吨和9万吨。黄河流域小麦生产碳足迹约为210万吨，玉米生产碳足迹约为307万吨，稻谷生产碳足迹约为14万吨。

二、粮食贸易碳足迹转移结果分析

本节根据黄河流域粮食贸易特性以及各市级行政区碳足迹计算结果，整理了黄河流域粮食对外贸易过程中的省级行政区贸易碳足迹，结果如图6-5和图6-6所示。

图6-5和图6-6数值为负代表粮食流出、隐含碳流出，数值为正，代表粮食流入、隐含碳流入。与各年度粮食贸易水足迹相一致，粮食余粮量较大的区域，一般对应较大的隐含碳流出，粮食短缺量较大区域对应较大隐含碳流入。

从图6-5可知，2012—2013年度，黄河流域粮食对外贸易过程中，陕西地区的小麦贸易隐含碳流出量最大，流出量约为16万吨，甘肃地区的玉米贸

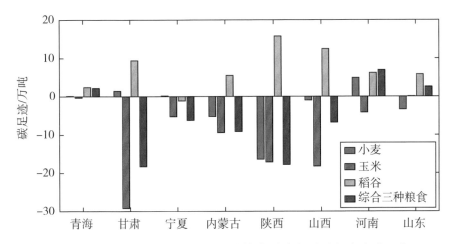

图6-5　2012—2013年度黄河流域粮食对外贸易过程中省（区）
粮食贸易碳足迹

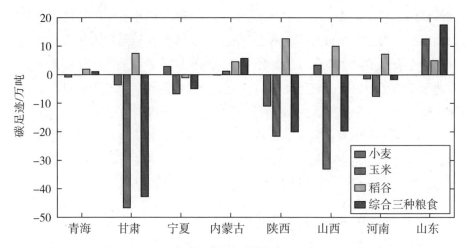

图6-6 2017—2018年度黄河流域粮食对外贸易过程中各省（区）
粮食贸易碳足迹

易隐含碳流出量最大，流出量约为29万吨。对于稻谷而言，全流域除宁夏外均存在隐含碳的流入，其中陕西地区隐含碳流入最大，约为16万吨。综合考虑三种作物，青海、河南、山东呈现隐含碳流入特征，甘肃、宁夏、内蒙古、陕西和山西呈现隐含碳流出特征。全黄河流域的隐含碳流入总量约为65万吨，隐含碳流出总量约为111万吨，隐含碳净流出量约为46万吨，承担了流域外46万吨的碳排放任务。

由图6-6可知，2017—2018年度，黄河流域粮食对外贸易过程中，陕西小麦贸易隐含碳流出量最大，流出量约为11万吨，甘肃玉米贸易隐含碳流出量较大，流出量约为47万吨，甘肃地区的隐含碳量流出较大的主要原因在于该地区单位质量玉米生产的农用物资消耗量过大，因此单位质量玉米生产碳足迹较大，最终的隐含碳流出量也较大。对于稻谷而言，全流域除宁夏外，各省（区）均存在隐含碳流入，且陕西地区稻谷的隐含碳流入量最大，流入量约为13万吨。综合三种作物来看，甘肃的隐含碳流出量最大，意味着该地区承担了黄河流域外的碳排放，对该地区尤其是环境系统较为不利。青海、内蒙古、山东呈现隐含碳流入特征，而甘肃、宁夏、陕西、山西和河南呈现隐含碳流出特征。全黄河流域的隐含碳总流入量约为69万吨，隐含碳总流出量约为134万吨，隐含碳净流出量约为65万吨，承担了流域外65万吨的碳排放任务。

第七章　黄河流域粮食生产资源利用可持续性评价

本章的主要目的是基于水足迹、碳足迹联合思想，提出综合考虑水、能源双重投入的粮食生产资源利用可持续性评价方法。通过引入标杆管理、广义数据包络分析以及数理统计法量化不同地区粮食生产的资源利用相对效率并对效率进行可持续性等级划分。本章将评价方法应用于黄河流域，开展流域粮食生产的资源利用可持续性评价研究。考虑双重投入的粮食生产资源利用可持续性评价可同时反映我国各地区粮食生产过程中水资源和能源投入对环境的影响，以及资源利用现状对未来粮食生产的制约程度，本研究可为粮食生产节水措施制定、粮食生产碳减排方案制定等提供参考。

第一节　广义数据包络分析法

如本章目的所述，本章基于粮食生产的资源利用相对效率建立可持续性评价方法及开展评价研究。目前应用较多的效率评价方法以及本章选取的评价方法介绍如下。

一、常用效率评价方法

1. 层次分析法

层次分析法主要是将与决策有关的因素分解为目标、准则、方案等层次，进而根据权重计算进行最终评价的方法。其中，权重的确定主要依赖专家等进行人为设定。因此，该方法虽然计算较为简单，但主观因素较大。

2. 主成分分析法

主成分分析法是一种数据简化方法。该方法是将众多相关变量转化为少量不线性相关的主成分。最后通过确定各主成分的权重得到最终评价结果。该方法的优点为：在数据降维过程中仍保留了对结果影响较大的信息；另外，该方法的权重通过数据计算获得，具有较好的客观性，减少了主观因素对结果的影响。该方法的缺点主要为：样本数据量相对较大、适用条件为指标线性相关、该方法的权重不具有实际意义。

3. 模糊综合评价法

模糊综合评价法是Zadeh于1965年提出的，这是一种利用隶属度将模糊信息数值化，进而基于权重进行评价的方法。该方法结果清晰、系统性较强，但该方法的权重一般通过专家等进行人为设定，具有较强的主观性。另外，如果数据集较大，则可能会导致信息丢失等问题。

4. 人工神经网络法

人工神经网络评价法是一种人工智能的方法。该方法综合运用了计算机技术，可以更好地处理较为复杂问题。同时，该方法无需人为设定权重，因此具有较好的客观性。但该方法适用于量较大的样本数据，同时模型计算相对较为复杂。

5. 数据包络分析法

数据包络分析法（data envelopment analysis，DEA），是一种以相对效率为基础，根据多指标投入和多指标产出进行决策单元间相对有效性评价的非参数统计方法。该方法无需对数据进行无量纲处理，便于不同指标的比较。同时，该方法对投入和产出的函数关系不进行要求，函数关系可以为线性也可为非线性。另外，该方法无需主观赋权，减少了主观决策对结果的影响。然而，该方法的评价结果仅具相对有效性，而不具绝对有效性。

根据上述效率评价方法介绍可知，不同方法均有各自的优缺点，鉴于本书的目的是根据相对效率划分等级进行粮食生产资源利用可持续性评价研究，且数据包络分析方法在处理相对效率评价时减少了主观性、同时可评价非线性的投入产出关系，因此选取数据包络分析法开展粮食生产资源利用可持续性评价。

二、广义数据包络分析法：C^2R模型和$G-C^2R$模型

国内外学者针对DEA提出了约上百种模型，第一个重要的DEA模型是Charnes、Cooper和Rhodes提出的C^2R模型，作为一种传统的DEA模型，该模型具有一定的局限性。例如，传统DEA模型的参照集只能是有效决策单元，被评价的决策单元可分为DEA有效和非DEA有效两类。对于非DEA有效的决策单元，由于有效性大小的差异，可以更好地进行绩效评价等。然而，对于DEA有效的决策单元，由于效率值均为1，无法再进行进一步的绩效评价。如果DEA有效的决策单元较多，则更不适合进行比较分析。另外，在实际应用中，参照的单元可能是及格线或其他一些特殊单元而不仅仅是有效决策单元。图7-1从评价参照集的角度粗略地区分了广义DEA（generalized data envelopment analysis，G-DEA）模型与传统DEA模型。鉴于G-DEA模型几乎包括了传统DEA模型的全部性质，且参照集选择更加灵活，本章采用G-DEA模型中的$G-C^2R$模型建立评价方法。传统的C^2R模型以及在其基础上提出的$G-C^2R$模型介绍如下。

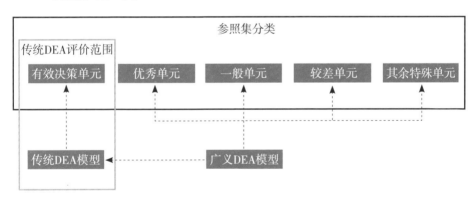

图7-1 G-DEA模型参照集

1. C^2R模型

DEA模型的投入和产出数据如表7-1。表中，有n个决策单元，每个单元均包括m种投入和s种产出，分别表示资源的消耗以及产生的结果。

表7-1   DEA模型输入、输出数据

投入要素权重	投入	决策单元					产出	产出要素权重
v_1	1	x_{11}	x_{12}	$\cdots$	x_{1j}	$\cdots x_{1n}$		
v_2	2	x_{21}	x_{22}	$\cdots$	x_{1j}	$\cdots x_{2n}$		
$\vdots$	$\vdots$			$\vdots$				
v_m	m	x_{m1}	x_{m2}	$\cdots$	x_{mj}	x_{mn}		
		y_{11}	y_{12}	$\cdots$	y_{1j}	$\cdots y_{1n}$	1	u_1
		y_{21}	y_{22}	$\cdots$	y_{2j}	$\cdots y_{2n}$	2	u_2
				$\vdots$			$\vdots$	$\vdots$
		y_{s1}	y_{s2}	$\cdots$	y_{sj}	$\cdots y_{sn}$	s	u_s

其中，x_{ij} 为第 j 个决策单元对第 i 种输入的投入量，$x_{ij} > 0$；y_{rj} 为第 j 个决策单元对第 r 种输出的产出量，$y_{rj} > 0$；v_i 为对第 i 种输入的一种度量（或称权）；u_r 为对第 r 种输出的一种度量（或称权），$i=1, 2, \cdots, m$，$r=1, 2, \cdots, s$，$j=1, 2, \cdots, n$。

为方便起见，记为：

$$x_j=(x_{1j}, x_{2j}, \cdots, x_{mj})^{\mathrm{T}}, \ j=1, 2, \cdots, n \tag{7-1}$$

$$y_j=(y_{1j}, y_{2j}, \cdots, y_{sj})^{\mathrm{T}}, \ j=1, 2, \cdots, n \tag{7-2}$$

$$v=(v_1, v_2, \cdots, v_m)^{\mathrm{T}}（m维实数向量） \tag{7-3}$$

$$u=(u_1, u_2, \cdots, u_s)^{\mathrm{T}}（s维实数向量） \tag{7-4}$$

决策单元 j 的效率指数为：

$$h_j=\frac{\sum_{r=1}^{s} u_r y_{rj}}{\sum_{i=1}^{m} v_i x_{ij}} \tag{7-5}$$

总存在 v 和 u，使其满足：

$$h_j \leqslant 1, \ j=1, 2, \cdots, n \tag{7-6}$$

进而，可构建以所有决策单元的效率指数为约束，以决策单元 j_0 效率指数为目标的 C^2R 优化模型：

$$(\overline{P}_{C^2R}) \begin{cases} \max\dfrac{u^T y_{j0}}{v^T x_{j0}}=V_{\overline{P}} \\ \text{s. t.}\ \dfrac{u^T y_j}{v^T x_j}\leqslant 1,\ j=1, 2, \cdots, n \\ v\geqslant 0 \\ u\geqslant 0 \end{cases} \qquad （7-7）$$

通过Charnes–Cooper变换，将式（7-7）的分式形式转化为等价线性规划问题，令：

$$t=\frac{1}{v^T x_{j0}},\ w=tv,\ \mu=tu \qquad （7-8）$$

得到的线性规划如下：

$$(P_{C^2R}) \begin{cases} max\ \mu^T y_{j0}=V_P \\ \text{s. t.}\ w^T x_j\ \ \mu^T y_j\geqslant 0,\ j=1, 2, \cdots, n \\ w^T x_{j0}=1 \\ w\geqslant 0 \\ \mu\geqslant 0 \end{cases} \qquad （7-9）$$

若线性规划P_{C^2R}的最优解w^0、μ^0满足$V_p=\mu^{0T} y_{j0}=1$，则决策单元j_0为弱DEA有效。

若线性规划P_{C^2R}的最优解中存在$w^0>0$，$\mu^0>0$，满足$V_p=\mu^{0T} y_{j0}=1$，则决策单元j_0为DEA有效。

若线性规划P_{C^2R}的最优解小于1，则决策单元j_0为非DEA有效。

2. G–C²R模型

与传统DEA模型相比，G-DEA模型的样本单元发生了改变，假设共有n个待评价的决策单元和$\overline{n}$个样本单元，每个单元的m种投入和s种产出可表示为：

$$x_p=(x_{1p}, x_{2p}, \cdots, x_{mp})^T \qquad （7-10）$$

表示第p个决策单元的输入指标值。

$$y_p=(y_{1p}, y_{2p}, \cdots, y_{sp})^T \qquad （7-11）$$

表示第p个决策单元的输出指标值。

$$\overline{x}_j=(\overline{x}_{1j}, \overline{x}_{2j}, \cdots, \overline{x}_{mj})^T \qquad （7-12）$$

表示第 j 个样本单元的输入指标值。

$$\bar{y}_j=(\bar{y}_{1j}, \bar{y}_{2j}, \cdots, \bar{y}_{sj})^T \qquad (7\text{--}13)$$

表示第 j 个样本单元的输出指标值。

并且它们均为正数，则对决策单元 p 建立以下模型：

$$(G\text{--}C^2R)\begin{cases} max\,\mu^T y_p=V(d) \\ s.t.\ \ w^T\bar{x}_j-\mu^T d\bar{y}_j\geq 0,\ j=1, 2, \cdots, \bar{n} \\ \qquad w^T x_p=1 \\ \qquad w\geq 0,\ \mu\geq 0 \end{cases} \qquad (7\text{--}14)$$

其中，$w=(w_1, w_2, \cdots, w_m)^T$ 表示输入指标的权重，$\mu=(\mu_1, \mu_2, \cdots, \mu_s)^T$ 表示输出指标的权重，d 为一个正数，称为移动因子。

若G–C²R的最优值 $V(d)\geq 1$，则称决策单元 p 为弱G–DEA有效。

若G–C²R最优值有下类情况之一：①$w^0>0$，$\mu^0>0$，使得 $V(d)=1$；②$V(d)>1$。则称决策单元 p 为G–DEA有效。

若G–C²R最优解小于1，则决策单元 p 为非G–DEA有效。

第二节 粮食生产资源利用可持续性评价方法的提出

根据上述G–DEA模型介绍可知，评价参照集选取的不同会直接影响相对效率以及后续可持续性评价结果。因此，本节通过引入标杆管理法进行粮食生产资源利用相对效率的评价参照集选取，进而进行粮食生产资源利用相对效率计算、可持续性等级划分及评价研究。标杆管理法也被称为Benchmarking，该方法兴起于20世纪70年代末的美国施乐公司，它指的是将研究对象与行业内优秀者进行比较，进而找出自己存在的问题、不足以及和优秀者之间的差距，从而制定改进方向，不断促进其良性发展。下面将逐步介绍评价方法的构建流程：①粮食生产资源利用可持续性评价方法指标搭建；②基于G–DEA模型与标杆管理的评价方法中资源利用效率标杆地区选取；③资源利用可持续性等级划分。

一、粮食生产资源利用可持续性评价方法指标搭建

可持续性利用的原则，不是掠夺性地开发、利用甚至破坏资源，而是当代人对资源的利用不应破坏下一代正常资源利用的权利，在发展的过程中要尽可能地减少资源投入、推进清洁生产，以促进社会、经济、资源的有机协调。本研究考虑到生态环境的提升、资源的高效利用是促进资源良性循环以及粮食可持续性生产的重要推动力，将粮食生产资源利用可持续性定义为：在粮食生产过程中，保护生态环境、尽可能低程度地利用自然资源，以满足人民的粮食需求。在衡量粮食生产资源利用可持续性的过程中，本研究综合考虑了两种资源投入：水资源和能源（包括柴油、电力等能源以及农用物资投入）。通过对考虑双投入的资源利用相对效率值（REV），即G–DEA模型的各决策单元效率指数计算结果进行分级，确定各地区粮食生产资源利用可持续性等级。具体水资源和能源利用投入指标以及最终的产出指标如图7–2所示。

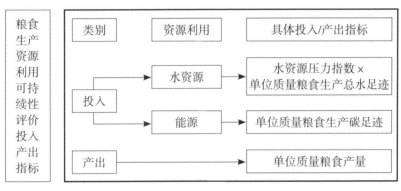

图7–2 粮食生产资源利用可持续性评价投入产出指标

各地区粮食生产受当地政策、流域水资源可利用量等的影响，不同地区基础资源差异性等会影响粮食的可持续性生产。本节在粮食生产资源利用现状的基础上同时考虑了流域水资源可利用量的影响。

考虑到如果地区粮食生产水资源投入越大，地区用水越紧张，根据政策导向，该地区未来可能会进一步压缩粮食播种面积以及减少水资源利用量，进而影响未来粮食生产的可持续性，因此，本节以"水资源压力指数×单位质量粮食生产总水足迹"为水资源投入指标，水资源压力指数反映了地区水资源利用状况，单位质量粮食生产总水足迹反映了地区粮食生产水资源投

入。综合考虑以上两种投入指标可以同时反映水资源利用现状和作物耗水状况对地区粮食生产可持续性的影响。

水资源压力指数计算公式如下：

$$WSI = \frac{ACT}{TRL} \qquad (7-15)$$

式（7–15）中，WSI表示地区水资源压力指数；ACT指的是各市级行政区全区的实际水资源利用量；TRL表明各市级行政区全区的用水总量控制数值，即当地水资源消耗"天花板"。WSI的数值越大，表明地区水资源压力越大，越不利于水资源的可持续性利用。

能源利用方面，本书主要关注了粮食生长阶段的能源消耗情况，选取单位质量粮食生产碳足迹作为能源投入指标，在一定程度上反映了粮食生产过程中的能源投入状况。最终的产出指标为单位质量粮食产量。

二、评价方法中资源利用效率标杆地区选取

本书采用标杆管理与G–DEA模型建立粮食生产资源利用可持续性评价方法。本章中的资源利用效率标杆是指同类样本中粮食生产资源利用效率的参照点，具体说来是指同类样本中的资源利用优秀地区，即资源利用量相对较小的地区，该地区是同类样本在粮食生产过程中的学习榜样。

鉴于同时考虑水资源和能源利用两方面的粮食生产资源利用相对效率及可持续性的研究相对较少，且暂无明确的标杆，本章首先采用数理统计原理分别对全国各市级行政区的粮食生产水资源利用效率以及能源利用效率进行分析，推导出单位质量粮食生产水资源和能源利用效率先进区，然后取两者的交集作为同时考虑水资源和能源两种投入的粮食生产资源利用效率标杆地区。本章在全国各市级行政区中选取粮食生产资源利用效率标杆以便进行黄河流域粮食生产资源利用可持续性评价研究的优点在于：①与黄河流域相比，采用我国市级行政区进行标杆确定，大大提升了样本的数量，使得数据拟合效果相对更好，提高了标杆选取的精度；②基于全国标杆进行黄河流域粮食生产资源利用可持续性评价可以更好地反映黄河流域资源利用状况在全国总体中的位置，同时为黄河流域未来资源利用提供了与全国先进区的对比及改进方向。本章所采用的统计学方法具有通用性，因此，该粮食生产可持续性方法不受地理位置限制，在数据可获得的情况下具有较好的合理性、灵

活性以及全国通用性。考虑双重投入的粮食生产资源利用效率标杆地区选取的具体原理如图7-3。

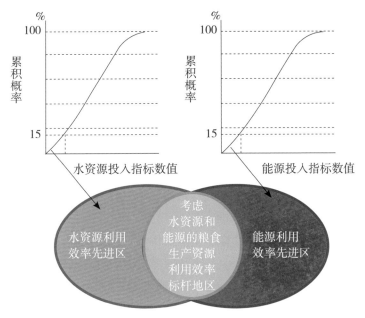

图7-3　粮食生产资源利用效率标杆地区的确定

步骤1：最优分布函数的选取。

采用Kolmogorov-Smirnov检验法和Anderson-Darling检验法检验显著水平为0.05的情况下水资源利用效率和能源利用效率是否服从同一分布（投入指标如图7-2）。若服从同一分布，表明样本能反映一般的规律，并具有较好的代表性，可以用其建立综合得分的评价标准。本章选取了伽马分布、威布尔分布、正态分布、指数分布、瑞利分布、广义帕累托分布和对数正态分布7种分布函数。在数据系列服从同一分布的前提下，选取具有最小统计量的分布函数确定资源利用的最优拟合分布函数。

步骤2：单要素资源利用效率先进区的确定。

本章将效率值（单因素投入的累积分布函数）划分为5个等级，鉴于单位粮食生产过程中资源投入值越低越好，将累积概率数值小于15%定义为资源利用效率先进，累积概率数值介于15%和35%之间为资源利用效率较先进，累积概率数值介于35%和65%之间为资源利用效率中等，累积概率数值介于65%和85%之间为资源利用效率较落后，累积概率数值高于85%为资源利用效率落后。然后，根据累积概率数值，选出单位质量粮食生产水资源利用效率先进以及能源利用效率先进区域。本章选取15%作为先进区的阈值，15%的比例设置既保证了先进水平在我国是有相当数量的市级行政区代表，又避免了先进市级行政区数量过多，降低了先进的意义。

步骤3：双投入资源利用效率标杆地区的确定。

选取两个单要素资源利用效率先进区的交集作为后续的双投入（水资源投入和能源投入）和单产出（单位质量粮食产量）的G-DEA模型的粮食生产资源利用效率评价标杆，并进行考虑双投入的粮食生产资源利用相对效率计算。

三、资源利用可持续性等级划分

本章根据投入产出指标及确定的考虑水资源和能源的粮食生产资源利用效率标杆地区，基于G-C^2R计算了全国各市级行政区的粮食生产资源利用效率指数，即考虑双投入的资源利用相对效率值（REV）。与单投入效率等级数量一致，本章进一步将双投入的资源利用相对效率值（REV）划分为5个粮食生产资源利用可持续性等级，等级划分如表7-2所示。

表7-2　粮食生产资源利用可持续性等级

考虑双投入的资源利用相对效率值（REV）	粮食生产资源利用可持续性等级
REV<0.15	弱可持续性
0.15≤REV<0.35	较弱可持续性
0.35≤REV<0.65	中等可持续性
0.65≤REV<0.85	较强可持续性
0.85≤REV	强可持续性

本章的评价方法建立流程图如图7-4所示。

| 确定评价目的及对象 |
| 选择决策单元 |
| 建立输入输出指标体系 |
| 确定资源利用效率标杆 |
| 广义DEA模型 |
| 相对效率计算 |
| 资源利用可持续性等级 |
| 结果分析 |

图7-4 基于G-DEA模型的粮食生产资源利用可持续性评价流程

如上所述，首先本书建立的评价方法创新性地将水足迹和碳足迹同时引入粮食生产资源利用的可持续性分析中，与传统主要集中于单一农业水资源或能源利用可持续性评价的方法相比，考虑因素更为全面，更加契合可持续发展理念。采用水足迹、水资源压力指数、碳足迹的方法可以统一对各地区粮食生产资源利用及水资源利用现状进行量化研究，以便对各地区粮食生产状况进行比较，反映地区间差异性。其次，与传统评价方法（需要首先人为确定标杆或先进水平区，然后与标杆对比进行评价）相比，该评价方法无需人为确定标杆，减少了主观因素对结果的影响。另外，该评价方法从国内全部市级行政区中选取标杆，确保了样本的代表性和全面性，使其具有全国通用性、灵活性、地域不受限制等特点。

第三节　粮食生产资源利用可持续性评价

一、全国各地粮食生产资源利用可持续性评价方法构建及评价结果

根据第五章以及第六章的水足迹、碳足迹计算方法，本节首先计算了全

国各市级行政区的多年平均单位质量小麦、玉米生产总水足迹以及碳足迹，进而根据图7-3中的粮食生产资源利用可持续性评价方法计算了水资源投入指标数值以及能源投入指标数值。由于研究所需的数据量大、范围广（覆盖全中国），且不同统计资料的侧重点不一样以及全国部分地区数据统计存在短缺，如《全国农产品成本收益资料汇编》未统计北京、天津等地的农用物资投入量，因此本研究未考虑这些地区。此外，部分省（区、市）各市级行政区均取相同数值，主要原因仍然为资料的限制。例如，黑龙江各市级行政区数值采用全省均值进行数据替代，主要是因为该省未公布明确的市级行政区用水量资料。但本章计算的地区基本涵盖了年小麦产量超过50万吨以及年玉米产量超过200万吨的粮食主产省级行政区。因此，本章的数据仍具有全面性和代表性，可以用于后续粮食生产资源利用效率标杆地区的选取。

根据各市级行政区粮食生产绿水足迹、蓝水足迹、水资源压力指数、碳足迹计算结果，笔者整理了省级行政区粮食生产总水足迹、水资源投入指标值、能源投入指标值，如图7-5至图7-7。本章仅开展了小麦、玉米两种粮食作物的生产资源利用可持续性评价研究，主要是由于黄河流域的稻谷产量相对较小，因此并未将其考虑在内开展可持续性评价及后续种植结构调整研究。

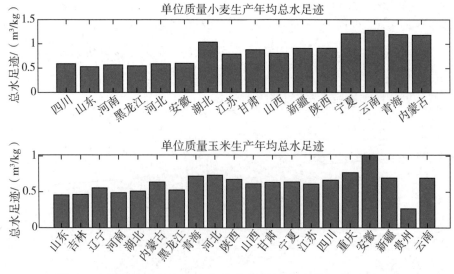

图7-5 我国各省（区、市）单位质量粮食生产年均总水足迹

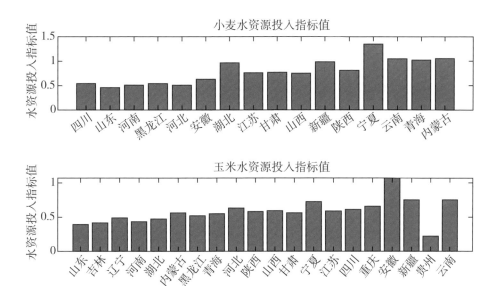

图7-6　我国各省（区、市）粮食生产水资源投入指标年均值

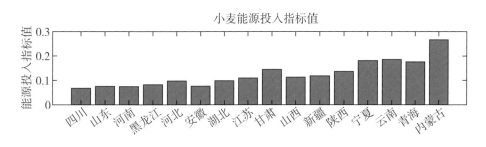

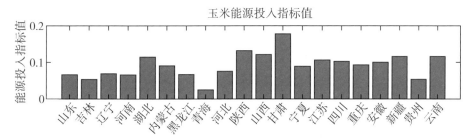

图7-7　我国各省（区、市）粮食生产能源投入指标年均值

根据图7-5和图7-6可知，宁夏、内蒙古、新疆、云南、青海等地的小麦生产水资源投入指标值较大，山东、河北、河南、四川等地的小麦生产水资源投入指标值较小。安徽、新疆、云南、宁夏等地的玉米生产水资源投入指标值较大,贵州、山东、吉林、河南等地的玉米生产水资源投入指标值较小。本章中全国单位质量小麦、玉米生产年均总水足迹空间分布的研究结果与孙世坤、王玉宝、刘静等(2016)的研究结果基本一致。孙世坤、王玉宝、刘静等(2016)同样指出河南、山东周边等地区是我国单位质量小麦生产总水足迹相对较小的地区,内蒙古、云南、宁夏、甘肃和山西等地的小麦生产水足迹偏大,贵州、重庆周边地区是我国单位质量玉米生产总水足迹相对较小的地区,甘肃、宁夏、内蒙古、新疆地区的玉米生产水足迹偏大。Feng等(2022)同样发现内蒙古、宁夏、云南的小麦生产水资源投入量较大而新疆的玉米生产投入较多水资源。

内蒙古、云南、宁夏、青海等地的小麦生产碳足迹(即能源投入指标值)较大,尤其是内蒙古,这主要是由于内蒙古地区的化肥尤其是氮肥的使用量较大,同时该地区灌溉也消耗了大量能源。四川、河南、山东、安徽等地的小麦生产碳足迹较小。甘肃、陕西、山西、新疆等地的玉米生产碳足迹较大,吉林、贵州等地的玉米生产能源投入相对较低。本章中全国单位质量小麦、玉米生产碳足迹研究结果与周志花(2018)的研究结果较为一致,该研究同样指出,湖北、河南、安徽、山东周边等地区是我国单位质量小麦生产碳足迹相对较小的区域,四川、湖北周边等地区相对而言是单位质量玉米生产碳足迹相对较小的地区。Feng等(2022)识别出内蒙古、陕西、云南的小麦生产以及陕西、新疆的玉米生产碳排放较大。Li和Li(2022)发现内蒙古的小麦生产,甘肃、新疆、陕西、山西和云南等地的玉米生产碳排放相对较大。Tian等(2022)通过长系列研究发现,内蒙古、宁夏、陕西、甘肃、山西、黑龙江的小麦生产碳排放较大,内蒙古、新疆、甘肃、陕西、山西和河北地区的玉米生产碳排放较大。上述论文的研究成果表明本章计算结果的合理性。

我国各市级行政区小麦、玉米生产资源投入年均数值的分布函数拟合效果如图7-8和图7-9所示。

根据图7-8、图7-9以及计算结果可知,对数正态分布对全国小麦、玉米的水资源利用效率和能源利用效率的拟合效果更好,且通过了Kolmogorov-Smirnov检验和Anderson-Darling检验,证明了分布函数选取的鲁棒性和合理性。因此,本章采用对数正态分布函数,根据累积概率数值分别确定了单因素投入的资源利用效率先进区域(累积概率数值低于15%),进而取交集确定了双投入的粮食生产资源利用效率标杆地区。

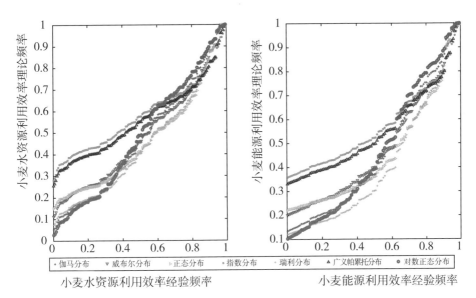

图7-8 全国小麦生产资源利用效率分布函数拟合

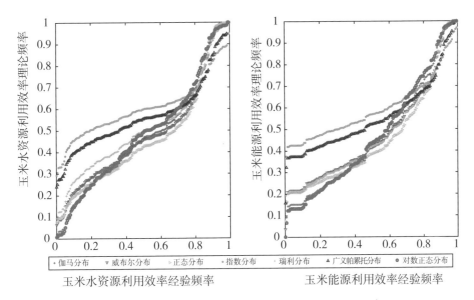

图7-9 全国玉米生产资源利用效率分布函数拟合

考虑双投入的全国小麦生产资源利用效率标杆地区包括：安徽的淮北市，河南的漯河市、许昌市、焦作市、鹤壁市、新乡市、周口市、濮阳市，以及山东的德州市和泰安市。水资源投入指标数值均小于0.49，能源投入即单位质量小麦生产碳足迹均小于0.071 kg/kg。进一步与文献进行对比，贺亚亚（2017）指出，山东、新疆、河北、河南、安徽和江苏的小麦土地生产力高于全国水平。宁晓菊（2017）指出，适宜小麦生产的区域包括河南、河北、山东、安徽、江苏和四川等地。对比表明，本研究的小麦标杆地区选取具有可靠性。

考虑双投入的全国玉米生产资源利用效率标杆地区包括：贵州的贵阳市、遵义市、安顺市、黔南州、黔东南州、铜仁市、毕节市、六盘水市以及黔西南州。水资源投入指标数值均小于0.26，能源投入即单位质量小麦生产碳足迹基本小于0.054 kg/kg。然而，通过查阅文献发现，贵州并不是玉米的最适宜种植区。例如，贺亚亚（2017）指出，新疆、甘肃、山西、宁夏、吉林、内蒙古、辽宁和山东的玉米土地生产力高于全国水平。宁晓菊（2017）指出，适宜玉米生产的区域包括黑龙江、吉林、辽宁、四川、河南、山东、河北、安徽和山西。对比可知，贵州不是玉米的最适宜种植区。偏差主要来源于SPAM数据与实际存在一定的偏差。例如，贵州是我国山区面积最大的省份，山区面积约占省区面积的93%。由于地形等因素的影响，SPAM数据处理结果显示这些地区的玉米灌溉面积为0，这导致该地区玉米蓝水足迹等于0，进而导致该地区较低的玉米水资源投入指标值。因此，笔者通过去除一些偏差较大的数据来重新确定玉米的标杆地区。

结果表明，对数正态分布仍然是全国玉米水资源投入指标值、能源投入指标值分析的最适宜分布函数。本章根据累计概率数值确定了考虑双投入的全国玉米生产资源利用效率标杆地区（累计概率数值低于15%），具体包括河南的漯河市、许昌市，吉林的四平市和白山市，山东的泰安市以及内蒙古的巴彦淖尔市。水资源投入指标数值均小于0.37，能源投入即单位质量小麦生产碳足迹均小于0.062 kg/kg。

基于确定的标杆，本章对全国各市级行政区开展可持续性评价研究，将各省级行政区可持续性等级结果按省区进行整理，结果如图7-10。

根据图7-10可知，四川、山东和河南的小麦生产资源利用呈现较强的可持续性等级，而内蒙古则呈现相对较弱的可持续性等级。总的来看，西北地区（如陕西、内蒙古、甘肃、青海、宁夏和新疆）小麦生产资源利用相对更不可持续。

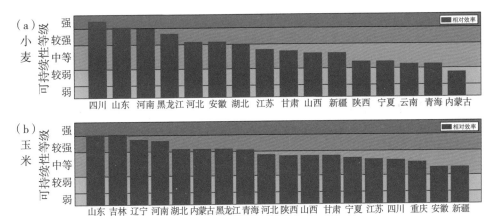

图7-10　全国小麦、玉米生产资源利用可持续性评价

　　山东和吉林的玉米生产资源利用相对效率值高于其他省（区、市），辽宁、河南等地的相对效率值同样相对较高，安徽和新疆等地的相对效率值相对较低。总体而言，东北地区（如黑龙江、吉林和辽宁）和华北地区（如河南和山东）的玉米生产过程相对更加绿色清洁。相反，西北地区生产玉米会使用更多的资源。

　　在此基础上，本章进一步利用G-DEA模型开展冗余分析，以探明各地区粮食生产资源利用可持续性呈现中等、较弱、弱等级的原因。结果如图7-11所示。

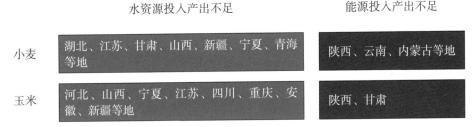

图7-11　粮食生产资源利用冗余分析

　　如图7-11，陕西、云南、内蒙古等地的小麦生产资源利用相对效率偏低的主要原因是能源的投入产出不足，陕西和甘肃的玉米生产资源利用相对效率偏低同样是由于能源的利用量相对较大。这些省（区）应该进一步制定碳减排政策，以提高粮食生产直接和间接能源利用的相对效率。

　　湖北、江苏、甘肃、山西、新疆、宁夏、青海等地的小麦生产以及河北、山西、宁夏、江苏、四川、重庆、安徽、新疆等地的玉米生产的水资源投入产出不足，这些地区有必要进一步提高水资源的利用效率。

二、黄河流域粮食生产资源利用可持续性评价结果

基于黄河流域单位质量粮食生产年均总水足迹、粮食生产年均碳足迹以及年均水资源压力指数，本章计算了粮食生产水资源投入和能源投入的指标数值。本章根据全国确定的双投入粮食生产资源利用效率标杆地区，应用G-DEA模型计算了黄河流域各市级行政区小麦、玉米生产资源利用相对效率年均值，并在此基础上计算了黄河流域各省（区）的总体粮食生产资源利用相对效率值。考虑双投入的黄河流域小麦、玉米生产资源利用相对效率以省（区）为单位的分析结果如图7-12所示。

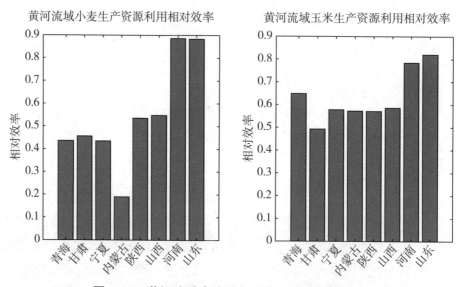

图7-12 黄河流域省（区）小麦、玉米相对效率

根据图7-12可知，黄河下游河南、山东等地的小麦生产资源利用相对效率较高，内蒙古的小麦生产资源利用相对效率最低。从全流域小麦的生产来看，内蒙古单位质量小麦生产的水足迹和碳足迹基本都是最大的，因此该地区小麦生产资源利用相对效率较低，对水、环境造成的影响相对最大。

根据图7-12可知，黄河流域下游河南及山东等地的玉米生产资源利用相对效率较高，甘肃、陕西、内蒙古、宁夏等地的玉米生产资源利用相对效

率较低。宁夏和内蒙古的玉米生产资源利用相对效率偏低是因为当地的水资源压力指数相对较高，且当地玉米生产水足迹相对较大。甘肃和陕西玉米生产资源利用相对效率较低的主要原因在于：甘肃和陕西玉米生产过程中能源（包括能源和农用物资）投入（例如化肥和农膜的使用）在全流域中相对最大。

　　将各市级行政区的资源利用相对效率数值依据表7-2中的粮食生产资源利用可持续性等级开展全黄河流域的粮食生产资源利用可持续性评价，评价结果如图7-13和图7-14所示。

　　图7-13和图7-14中，纵向不同颜色条代表不同的粮食生产资源利用可持续性等级，横向的不同行代表黄河流域的不同省（区）。图7-13中，内蒙古绝大多数地区的小麦生产资源利用呈现弱或较弱可持续性等级，相对于其他省（区），该地区的小麦生产资源利用效率较低。黄河流域河南和山东地区小麦生产资源利用大多处于较强或强可持续性等级，相对于其他省（区），河南和山东的小麦生产对水、环境的影响相对较小。进一步基于G-DEA模型的冗余分析可知，甘肃、内蒙古、青海、陕西大部分地区与全国标杆相比，存在能源利用产出不足的特点，需要进一步提高小麦生产过程中的农用物资及能源利用效率。宁夏和山西的大部分地区与全国标杆相比，存在水资源利

	弱	较弱	中等	较强	强
青海		果洛	西宁、黄南、海东、海南、海北		
甘肃		定西、武威	白银、天水、兰州、甘南、平凉、临夏、庆阳		
宁夏		吴忠、中卫	固原、石嘴山、银川		
内蒙古	呼和浩特、乌兰察布、鄂尔多斯、阿拉善	乌海、巴彦淖尔、包头			
陕西		榆林	延安、渭南、商洛、宝鸡、咸阳、铜川、西安		
山西		朔州	晋中、吕梁、晋城、临汾、忻州、运城	长治、太原	
河南			三门峡、洛阳	郑州、济源、安阳	开封、濮阳、新乡、焦作、鹤壁
山东				莱芜、济南、东营、菏泽	滨州、聊城、济宁、泰安、淄博、德州

粮食生产资源利用可持续性等级

图7-13　双投入指标下黄河流域小麦生产资源利用可持续性评价结果

青海			海东、海南		
甘肃		兰州、武威	白银、定西、庆阳、临夏、天水、平凉		
宁夏			固原、石嘴山、中卫、吴忠	银川	
内蒙古		乌兰察布、鄂尔多斯	呼和浩特、阿拉善、包头、乌海		巴彦淖尔
陕西			渭南、宝鸡、西安、榆林、咸阳、延安、商洛	铜川	
山西		朔州	忻州、吕梁、太原、运城	临汾、晋城、长治、晋中	
河南			三门峡	洛阳、郑州、济源、开封、濮阳	安阳、新乡、焦作、鹤壁
山东				东营、济南、莱芜、淄博、聊城、菏泽、滨州	济宁、泰安、德州
	弱	较弱	中等	较强	强

粮食生产资源利用可持续性等级

图7-14 双投入指标下黄河流域玉米生产资源利用可持续性评价结果

用产出不足的特点，需要进一步提高小麦生产过程中的水资源利用效率。流域尤其是内蒙古地区需要进一步制定水资源利用节约和农用物资利用减排政策，进而提高小麦生产资源利用效率。

图7-14中，河南、山东等地相对于黄河流域其他省（区），玉米生产的资源利用对环境的不利影响相对较低。进一步基于G-DEA模型的冗余分析可知，甘肃、陕西大部分地区与全国标杆相比，存在能源利用产出不足的特点，需要进一步制定碳减排政策，进而提高玉米生产过程中的农用物资及能源利用效率。青海、宁夏、内蒙古、山西等地与全国标杆相比，存在水资源利用产出不足的特点，需要进一步提高地区玉米生产过程中的水资源利用效率。

第八章 考虑资源可持续性利用的黄河流域粮食生产调控

本章的主要目的是针对黄河流域水资源短缺、水生态环境恶化、流域各部门水资源竞争压力大等问题，在满足流域小麦、玉米消耗（包括从外调入）的基础上，以流域粮食生产水足迹、碳足迹最小以及粮食产量最大为目标，科学合理地构建基于黄河流域播种面积调整、考虑资源可持续性利用的粮食生产调控多目标优化模型，并进行求解。该模型不仅可以保障粮食安全以及社会稳定，还可以兼顾水资源以及生态效益，简言之，即减少了灌溉水量和碳排放。通过合理优化区域粮食播种面积，为今后流域种植结构调整提供建议，以期实现流域水资源、环境资源的高质量、可持续发展。

第一节 基于作物播种面积调整的粮食生产调控模型构建及求解

基于作物播种面积调整的粮食生产调控模型流程如图8-1所示。决策变量、调控原则、目标函数、约束条件、多目标优化算法等介绍如下。

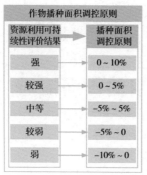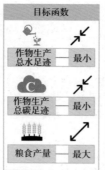

图8-1　种植结构调整模型流程

一、决策变量

在黄河流域考虑资源可持续性利用的粮食生产调控多目标优化模型中，本章仅开展了小麦、玉米两种粮食作物播种面积调整研究，主要是由于流域稻谷的种植主要集中在宁夏、河南等地，且播种面积相对较小，因此并未将其考虑在内。选取播种面积作为决策变量SA_{md-ct}，md 表示市级行政区（不同取值对应相应的行政区，见表3-1），ct 表示作物品种，$ct=1$和$ct=2$分别代表小麦和玉米两种农作物，如表8-1所示。

表8-1　决策变量

单位：公顷

市级行政区	小麦播种面积	玉米播种面积
果洛	SA_{1-1}	SA_{1-2}
海北	SA_{2-1}	SA_{2-2}
…	…	…
泰安	SA_{67-1}	SA_{67-2}
淄博	SA_{68-1}	SA_{68-2}

二、调控原则

本研究根据粮食生产资源利用可持续性评价结果以及净产量结果确定不同市级行政区粮食的播种面积调控原则，即允许变动幅度，如表8-2所示。

从保障生态安全、退耕还林角度、农户接受程度等方面考虑，本研究设定不宜过多开垦土地来增加耕地面积。同时，考虑到严格的耕地资源保护制度，本研究也设定不宜过多地减少播种面积，以确保我国的粮食安全及社会稳定。因此，本研究设定各地区的粮食播种面积波动范围不宜过大，在表8-2中，播种面积的波动范围一般在10%以内。

表8-2　粮食作物播种面积调控原则

粮食生产资源利用可持续性评价结果	粮食作物播种面积调控原则
粮食生产资源利用可持续等级：强	0 ~ 10%
粮食生产资源利用可持续等级：较强	0 ~ 5%
粮食生产资源利用可持续等级：中等	−5% ~ 5%
粮食生产资源利用可持续等级：较弱	−5%–0
粮食生产资源利用可持续等级：弱	−10% ~ 0

三、目标函数

本研究从水足迹、碳足迹和粮食产量三方面来构建模型的目标函数，旨在尽可能地降低流域粮食生产过程中的水足迹与碳足迹以及提高粮食产量。该项粮食生产调控研究有利于促进流域的水、环境可持续发展。具体多目标函数如下。

（1）节约水资源效益——流域粮食生产水足迹目标函数如下：

$$\min f_1(SA) = \sum_{md=1}^{68} \sum_{ct=1}^{2} YA_{md-ct} \, SA_{md-ct} \, WFP_{md-ct} \qquad (8-1)$$

式（8-1）中，YA_{md-ct} 为 md 地区第 ct 种作物的单位面积产量（kg/hm^2）；SA_{md-ct} 为 md 地区第 ct 种作物的播种面积（hm^2）；WFP_{md-ct} 表示 md 地区第 ct 种作物的单位质量粮食生产总水足迹（m^3/kg）。

（2）环境效益——流域粮食生产碳足迹目标函数如下：

$$\min f_2(SA) = \sum_{md=1}^{68} \sum_{ct=1}^{2} YA_{md-ct} \, SA_{md-ct} \, UCE_{md-ct} \qquad (8-2)$$

式（8-2）中，UCE_{md-ct} 代表 md 地区第 ct 种作物的单位质量粮食碳足迹（kg/kg）。

（3）流域粮食产量目标函数如下：

$$\max f_3(SA) = \sum_{md=1}^{68} \sum_{cn=1}^{2} YA_{md-cn} \, SA_{md-cn} \qquad (8-3)$$

四、约束条件

本研究以水资源用水总量控制红线、粮食安全、播种面积等作为约束进行考虑资源可持续性利用的黄河流域小麦、玉米播种面积调控研究，约束具体如下。

（1）用水总量控制红线约束如下：

$$w1_{adjustment}+w2_{adjustment}+w3 \leq TRL \qquad (8-4)$$

式（8-4）中，$w1_{adjustment}$是播种面积调整后小麦灌溉用水量（亿立方米）；$w2_{adjustment}$为播种面积调整后玉米灌溉用水量（亿立方米）；$w3$为除小麦、玉米灌溉用水量之外的其余用水量（亿立方米），包括工业、生活用水量等，计算详见式（8-5）。TRL表示各市级行政区全区的用水总量控制数值（亿立方米）。式（8-4）的含义为水资源利用量未超过用水总量控制红线的地区在调整作物播种面积后，当地用水总量仍不可超过当地的水资源用水总量控制红线约束。对于水资源利用量超限的地区，在进行作物播种面积调整后，可能仍超过当地的水资源用水总量控制红线约束，对于这种情况，本研究设定当地粮食作物播种面积不允许增加。

$$w3=ACT-w1_{actual}-w2_{actual} \qquad (8-5)$$

式（8-5）中，ACT指的是各市级行政区全区的实际水资源利用量（亿立方米）；$w1_{actual}$代表播种面积调整前小麦灌溉用水量（亿立方米）；$w2_{actual}$表示播种面积调整前玉米灌溉用水量（亿立方米）；实际用水量数据来源于当地的水资源公报、省级行政区水资源公报等。

（2）市级行政区粮食安全约束如下：

$$SA_{md-ct} \times YA_{md-ct} \times 10^{-3} \geq TX_{md-ct} \qquad (8-6)$$

式（8-6）中，TX_{md-ct}是md地区第 ct 种作物的粮食总消耗量（t），数据来源于第三章粮食消耗量推求。

式（8-6）的含义为：对于粮食充裕地区，作物播种面积调整后的当地粮食产量仍不可低于当地粮食消耗量。对于粮食短缺的地区，作物播种面积调整后的当地粮食产量可能仍低于当地粮食消耗量，对于这种情况，不进行粮食安全约束限制。

（3）黄河流域粮食安全约束如下：

$$CY_{sq-ct} \geq TX_{sq-ct}+WD_{sq-ct} \qquad (8-7)$$

式（8-7）中，CY_{sq-ct}是调控后黄河流域第ct种作物的粮食产量（t）；TX_{sq-ct}是黄河流域内部对第ct种作物的粮食总消耗量（t），详见第三章粮食消耗量推求结果；WD_{sq-ct}表示黄河流域第ct种作物的外调粮食量（t），详见第四章各年度黄河流域外调粮食量结果。如果未调控前黄河流域第ct种作物的粮食产量满足当地以及外送的粮食需求，则调控后黄河流域的ct种作物的粮食产量仍需满足当地及外送的需求。但如果未调控前的黄河流域产量不能满足消耗需求，则不进行此限制。

（4）播种面积约束。播种面积约束指的是作物播种面积变动幅度应与表8-2中的播种面积变动幅度相一致，播种面积波动范围不允许超过表8-2中的幅度限制，数值的设定综合考虑了耕地保护政策、农户接受程度、耕地安全等因素。

五、多目标优化算法

多目标模型求解算法多样，如粒子群算法、蚁群算法、遗传算法、禁忌搜索、模拟退火算法等。每种模型均有各自的优缺点，本研究采用基于粒子群算法（particle swarm optimization，PSO）拓展的多目标粒子群算法（multi-objective particle swarm optimization，MOPSO）来求解多目标模型。

PSO算法是由Kennedy和Eberhart于1995年提出的一种模拟鸟类捕食行为的仿生学算法。在捕食过程中，鸟类会利用自身经验和群体共享信息调整自己的最优搜索路径以便寻找食物。PSO算法参数少、运算简单、计算效率高、收敛速度高，且具有记忆功能，大大提高了群体搜索的能力。总的来看，PSO算法具有鲁棒性，在解决不连续、不可微、非线性等优化问题上具有优势。

MOPSO算法由Coello和Lechuga于2002年基于PSO算法改进而提出。在多目标优化问题中，通常不存在绝对的全局最优解，而是存在一组帕累托最优解（Pareto optimality）。MOPSO算法提出了自适应网格算法，基于密度自适应网格估计算法的非劣多样性保持技术，驱使解集靠近真的帕累托前沿的非劣解集。该算法定义了网格信息和粒子密度信息，密度值越低，选择的概率就越大，保证了非劣解的多样性以及算法的搜索能力。MOPSO算法具有检索高效、帕累托前沿分布良好的优点。因此，本研究采用MOPSO多目标模型推求种植结构的最优解。

第二节　调控结果分析

一、省（区）内部调控结果分析

以2012年和2017年播种面积、粮食作物产量等为基础数据，将2012年和2017年作为基准年，利用MATLAB软件对模型进行求解，多目标模型帕累托解如图8-2所示。

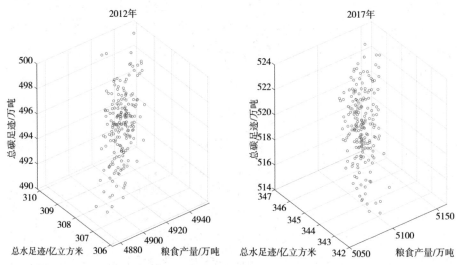

图8-2　黄河流域粮食种植结构调整MOPSO优化结果

由图8-2可知，种植结构调整需要在粮食产量最大、粮食生产总水足迹最小和总碳足迹最小的多目标之间权衡。粮食产量的提高，会伴随总水足迹和总碳足迹的升高。考虑到黄河流域水资源紧缺问题较为突出，水资源问题严重制约了流域的社会经济发展，本研究试图寻找在粮食产量增加、碳排放减少的情况下，粮食生产总水足迹最小的种植结构，以此作为后续种植结构调整对比分析的基础。在总水足迹最小前提下，基于各市级行政区作物播种面积调整结果，整理的2012年和2017年各省（区）小麦、玉米播种面积调控结果分别如表8-3和表8-4所示。

表8-3 2012年调控前后粮食播种面积

单位：千公顷

省（区）	小麦			玉米		
	调控前	调控后	变化量	调控前	调控后	变化量
青海	89.23	86.96	−2.27	13.99	13.62	−0.37
甘肃	573.97	560.49	−13.48	657.84	624.95	−32.89
宁夏	178.98	172.49	−6.49	245.90	245.13	−0.77
内蒙古	224.20	212.42	−11.78	789.81	760.12	−29.69
陕西	951.47	930.94	−20.53	866.48	842.81	−23.67
山西	470.78	458.71	−12.07	955.01	976.16	21.15
河南	1081.25	1109.64	28.39	747.65	762.53	14.88
山东	593.61	625.5	31.89	555.40	568.92	13.52
总计	4163.49	4157.15	−6.34	4832.08	4794.24	−37.84

表8-4 2017年调控前后粮食播种面积

单位：千公顷

省（区）	小麦			玉米		
	调控前	调控后	变化量	调控前	调控后	变化量
青海	90.63	89.89	−0.74	14.21	13.57	−0.64
甘肃	549.30	525.64	−23.66	665.42	641.88	−23.54
宁夏	123.13	122.59	−0.54	306.33	292.97	−13.36
内蒙古	229.30	215.00	−14.30	924.53	918.48	−6.05
陕西	892.32	864.88	−27.44	886.00	870.65	−15.35
山西	541.41	515.05	−26.36	1079.42	1076.17	−3.25
河南	1122.98	1132.18	9.20	827.54	857.72	30.18
山东	605.97	625.44	19.47	638.55	669.36	30.81
总计	4155.04	4090.67	−64.37	5342.00	5340.80	−1.2

表8-3和表8-4中，播种面积变化量＝调控后播种面积－调控前播种面积。因此，数值为负代表粮食播种面积减少，后续的表格与此一致。

由表8-3可知，2012年调控后，陕西地区的小麦播种面积仍然减少最多，约为20.53千公顷。由表8-4可知，2017年调控后，陕西地区的小麦播种面积减少最多，约为27.44千公顷。黄河流域的河南地区小麦播种面积最大，然后是陕西地区，陕西地区小麦播种面积减少量超过青海、甘肃、宁夏、内蒙古、山西和山东的主要原因为其基数较大。而河南小麦播种面积增加是因为河南地区小麦生产资源利用相对效率较高，因此，根据表8-2中的作物播种面积调控原则，河南地区的小麦播种面积呈上升趋势。

由表8-3可知，2012年调控后，甘肃地区的玉米播种面积减少量仍然最多，约为32.89千公顷。由表8-4可知，2017年调控后，甘肃地区的玉米播种面积减少最多，约为23.54千公顷。甘肃地区玉米播种面积减少较多的原因包括：①2017年黄河流域各地按玉米播种面积从大到小排列为山西、内蒙古、陕西、河南、甘肃、山东、宁夏和青海，2012年为山西、陕西、内蒙古、河南、甘肃、山东、宁夏和青海，甘肃地区相较于宁夏、青海等地，玉米播种面积基数较大，因此玉米播种面积减少量超过宁夏、青海等地；②甘肃地区相较于陕西、内蒙古和山西，玉米生产过程中农用物资的投入量过大，其玉米生产资源利用相对效率低于这些地区，因此，根据表8-2中的作物播种面积调控原则，甘肃地区的玉米播种面积减少幅度较大。由于河南和山东的资源利用相对效率较高，因此这些地区的玉米播种面积在不同水平年均呈上升趋势。

从全流域来看（表8-3和表8-4），2012年黄河流域约可减少6.34千公顷的小麦播种面积和37.84千公顷的玉米播种面积，2017年黄河流域约可减少64.37千公顷的小麦播种面积和1.2千公顷的玉米播种面积。小麦、玉米播种面积年均减少量分别约为35.36千公顷和19.52千公顷。综合考虑两种作物，播种面积年均共可减少约54.88千公顷。

在2012年和2017年小麦、玉米播种面积调控分析的基础上，根据作物单产计算了2012年和2017年调控后小麦、玉米产量，各省（区）2012年和2017年小麦、玉米调控前后粮食产量结果如表8-5和表8-6所示。

表8-5 2012年调控前后粮食产量

单位：万吨

省（区）	小麦			玉米		
	调控前	调控后	变化量	调控前	调控后	变化量
青海	25.40	24.75	−0.65	16.88	16.44	−0.44
甘肃	167.99	163.41	−4.58	328.95	312.50	−16.45
宁夏	62.04	59.78	−2.26	191.18	189.84	−1.34
内蒙古	62.74	59.50	−3.24	437.55	423.46	−14.09
陕西	400.56	391.86	−8.70	482.06	468.59	−13.47
山西	292.70	289.45	−3.25	550.54	561.91	11.37
河南	651.18	671.91	20.73	448.34	457.30	8.96
山东	386.71	407.92	21.21	405.06	415.09	10.03
总计	2049.32	2068.58	19.26	2860.56	2845.13	−15.43

表8-6 2017年调控前后粮食产量

单位：万吨

省（区）	小麦			玉米		
	调控前	调控后	变化量	调控前	调控后	变化量
青海	30.54	30.18	−0.36	12.16	11.63	−0.53
甘肃	165.36	158.10	−7.26	315.73	305.13	−10.60
宁夏	37.83	37.33	−0.50	214.88	206.14	−8.74
内蒙古	42.14	39.71	−2.43	543.06	555.82	12.76
陕西	388.06	376.33	−11.73	446.88	439.10	−7.78
山西	274.75	261.32	−13.43	638.90	639.53	0.63
河南	721.11	728.55	7.44	461.36	478.38	17.02
山东	384.38	397.56	13.18	426.46	448.60	22.14
总计	2044.17	2029.08	−15.09	3059.43	3084.33	24.90

由表8-5和表8-6可知，从全流域来看，2012年黄河流域小麦产量增加了约19.26万吨，玉米产量减少了约15.43万吨；2017年黄河流域小麦产量减少了约15.09万吨，玉米产量增长了约24.90万吨。统计年度内小麦、玉米产量年均约增加2.085万吨和4.735万吨，综合考虑两种作物，产量年均约增加6.82万吨。

在2012年和2017年小麦、玉米产量计算的基础上，根据单位质量粮食生产总水足迹计算了2012年和2017年小麦、玉米生产水足迹调控结果，2012年和2017年各省（区）小麦、玉米生产调控前后水足迹结果如表8-7和表8-8所示。

表8-7　2012年调控前后粮食生产水足迹

单位：亿立方米

省（区）	小麦生产水足迹			玉米生产水足迹			小麦+玉米生产水足迹		
	调控前	调控后	变化量	调控前	调控后	变化量	调控前	调控后	变化量
青海	3.23	3.15	-0.08	1.00	0.97	-0.03	4.23	4.12	-0.11
甘肃	19.01	18.49	-0.52	24.92	23.67	-1.25	43.93	42.16	-1.77
宁夏	6.93	6.71	-0.22	12.47	12.37	-0.10	19.40	19.08	-0.32
内蒙古	10.85	10.28	-0.57	42.57	40.94	-1.63	53.42	51.22	-2.20
陕西	32.47	31.72	-0.75	28.82	28.06	-0.76	61.29	59.78	-1.51
山西	19.00	18.54	-0.46	27.57	28.04	0.47	46.57	46.58	0.01
河南	35.90	36.88	0.98	21.90	22.34	0.44	57.80	59.22	1.42
山东	21.51	22.69	1.18	17.14	17.54	0.40	38.65	40.23	1.58
总计	148.90	148.46	-0.44	176.39	173.93	-2.46	325.29	322.39	-2.90

表8-8 2017年调控前后粮食生产水足迹

单位：亿立方米

省（区）	小麦生产水足迹			玉米生产水足迹			小麦+玉米生产水足迹		
	调控前	调控后	变化量	调控前	调控后	变化量	调控前	调控后	变化量
青海	2.77	2.76	−0.01	0.96	0.92	−0.04	3.73	3.68	−0.05
甘肃	15.84	15.15	−0.69	25.35	24.43	−0.92	41.19	39.58	−1.61
宁夏	4.99	4.91	−0.08	14.59	13.96	−0.63	19.58	18.87	−0.71
内蒙古	8.80	8.24	−0.56	36.57	36.09	−0.48	45.37	44.33	−1.04
陕西	35.92	34.76	−1.16	32.83	32.28	−0.55	68.75	67.04	−1.71
山西	26.23	24.95	−1.28	35.88	35.92	0.04	62.11	60.87	−1.24
河南	40.94	41.18	0.24	24.17	24.95	0.78	65.11	66.13	1.02
山东	20.77	21.48	0.71	20.09	21.03	0.94	40.86	42.51	1.65
总计	156.26	153.43	−2.83	190.44	189.58	−0.86	346.70	343.01	−3.69

从表8-7和表8-8可知，调控前后，流域粮食生产水足迹有所减少。

2012年黄河流域的小麦生产水足迹从148.90亿立方米减少到了148.46亿立方米，减少了约0.44亿立方米的水足迹。2012年黄河流域玉米生产水足迹约减少了2.46亿立方米。2012年综合考虑小麦和玉米全流域约减少了2.90亿立方米的水足迹。

2017年黄河流域的小麦生产水足迹从156.26亿立方米减少到了153.43亿立方米，减少了约2.83亿立方米的水足迹。2017年黄河流域玉米生产水足迹约减少了0.86亿立方米。2017年综合考虑小麦和玉米，全流域约减少了3.69亿立方米的水足迹。

因此小麦生产水足迹年均约减少了1.64亿立方米，玉米生产水足迹年均约减少了1.66亿立方米，综合考虑小麦和玉米，流域年均约减少3.30亿立方米的水足迹。

根据第五章计算的单位质量粮食生产蓝水足迹年均占比，本研究进一步计算了2012年和2017年粮食生产总蓝水足迹调控结果，2012年和2017年各省（区）调控前后小麦、玉米生产总蓝水足迹结果如表8-9和表8-10所示。

表8-9　2012年调控前后粮食生产总蓝水足迹

单位：亿立方米

省（区）	小麦生产总蓝水足迹			玉米生产总蓝水足迹			小麦+玉米生产总蓝水足迹		
	调控前	调控后	变化量	调控前	调控后	变化量	调控前	调控后	变化量
青海	0.95	0.93	−0.02	0.61	0.59	−0.02	1.56	1.52	−0.04
甘肃	5.43	5.24	−0.19	6.24	5.93	−0.31	11.67	11.17	−0.50
宁夏	4.79	4.64	−0.15	7.42	7.33	−0.09	12.21	11.97	−0.24
内蒙古	8.57	8.13	−0.44	21.11	20.38	−0.73	29.68	28.51	−1.17
陕西	9.99	9.80	−0.19	7.60	7.48	−0.12	17.59	17.28	−0.31
山西	9.54	9.29	−0.25	5.61	5.69	0.08	15.15	14.98	−0.17
河南	16.74	17.25	0.51	5.27	5.38	0.11	22.01	22.63	0.62
山东	11.20	11.81	0.61	3.20	3.28	0.08	14.40	15.09	0.69
总计	67.21	67.09	−0.12	57.06	56.06	−1.00	124.27	123.15	−1.12

表8-10　2017年调控前后粮食生产总蓝水足迹

单位：亿立方米

省（区）	小麦生产总蓝水足迹			玉米生产总蓝水足迹			小麦+玉米生产总蓝水足迹		
	调控前	调控后	变化量	调控前	调控后	变化量	调控前	调控后	变化量
青海	0.82	0.80	−0.02	0.58	0.55	−0.03	1.40	1.35	−0.05
甘肃	4.75	4.54	−0.21	6.37	6.14	−0.23	11.12	10.68	−0.44
宁夏	3.45	3.36	−0.09	8.04	7.70	−0.34	11.49	11.06	−0.43
内蒙古	6.92	6.50	−0.42	18.00	17.96	−0.04	24.92	24.46	−0.46
陕西	10.89	10.52	−0.37	8.26	8.11	−0.15	19.15	18.63	−0.52
山西	13.60	12.93	−0.67	7.13	7.12	−0.01	20.73	20.05	−0.68
河南	19.09	19.23	0.14	5.78	5.95	0.17	24.87	25.18	0.31
山东	10.79	11.17	0.38	3.79	3.96	0.17	14.58	15.13	0.55
总计	70.31	69.05	−1.26	57.95	57.49	−0.46	128.26	126.54	−1.72

从表8-9和表8-10可知，调控前后，流域粮食生产总蓝水足迹略有减少。

2012年黄河流域的小麦生产总蓝水足迹减少了约0.12亿立方米。2012年黄河流域玉米生产总蓝水足迹约减少了1.00亿立方米。2012年综合考虑小麦和玉米，全流域粮食生产总蓝水足迹约减少了1.12亿立方米。

2017年黄河流域的小麦生产总蓝水足迹减少了约1.26亿立方米。2017年黄河流域玉米生产总蓝水足迹约减少了0.46亿立方米。2017年综合考虑小麦和玉米，全流域粮食生产总蓝水足迹约减少了1.72亿立方米。

因此在统计年度内，小麦生产总蓝水足迹年均约减少0.69亿立方米，玉米生产总蓝水足迹年均约减少0.73亿立方米，综合考虑小麦和玉米，粮食生产总蓝水足迹年均约减少1.42亿立方米。

在2012年和2017年小麦、玉米产量计算的基础上，根据单位质量粮食生产碳足迹计算了2012年和2017年小麦、玉米生产碳足迹调控结果，2012年和2017年各省（区）小麦、玉米生产调控前后碳足迹结果如表8-11和表8-12所示。

表8-11　2012年调控前后粮食生产碳足迹

单位：万吨

省（区）	小麦生产碳足迹			玉米生产碳足迹			小麦+玉米生产碳足迹		
	调控前	调控后	变化量	调控前	调控后	变化量	调控前	调控后	变化量
青海	4.31	4.20	-0.11	1.38	1.36	-0.02	5.69	5.56	-0.13
甘肃	27.61	26.95	-0.66	64.96	61.71	-3.25	92.57	88.66	-3.91
宁夏	9.71	9.36	-0.35	15.63	15.57	-0.06	25.34	24.93	-0.41
内蒙古	17.06	16.16	-0.90	46.00	44.28	-1.72	63.06	60.44	-2.62
陕西	54.81	53.63	-1.18	56.14	54.62	-1.52	110.95	108.25	-2.70
山西	24.67	24.06	-0.61	41.27	42.15	0.88	65.94	66.21	0.27
河南	50.44	51.79	1.35	29.70	30.29	0.59	80.14	82.08	1.94
山东	28.89	30.44	1.55	25.82	26.45	0.63	54.71	56.89	2.18
总计	217.50	216.59	-0.91	280.90	276.43	-4.47	498.40	493.02	-5.38

表8-12　2017年调控前后粮食生产碳足迹

单位：万吨

省（区）	小麦生产碳足迹			玉米生产碳足迹			小麦+玉米生产碳足迹		
	调控前	调控后	变化量	调控前	调控后	变化量	调控前	调控后	变化量
青海	4.71	4.67	−0.04	1.61	1.54	−0.07	6.32	6.21	−0.11
甘肃	28.55	27.32	−1.23	72.08	69.53	−2.55	100.63	96.85	−3.78
宁夏	6.97	6.93	−0.04	18.79	17.98	−0.81	25.76	24.91	−0.85
内蒙古	18.39	17.24	−1.15	55.28	54.98	−0.30	73.67	72.22	−1.45
陕西	47.22	45.77	−1.45	58.50	57.48	−1.02	105.72	103.25	−2.47
山西	27.85	26.49	−1.36	50.76	50.61	−0.15	78.61	77.10	−1.51
河南	49.94	50.35	0.41	27.95	28.96	1.01	77.89	79.31	1.42
山东	27.99	28.90	0.91	25.89	27.15	1.26	53.88	56.05	2.17
总计	211.62	207.67	−3.95	310.86	308.23	−2.63	522.48	515.90	−6.58

从表8-11和表8-12可知，调控前后，流域粮食生产碳足迹都有所减少。

2012年黄河流域的小麦生产碳足迹从217.50万吨减少到了216.59万吨，减少了约0.91万吨的碳足迹。2012年黄河流域玉米生产碳足迹约减少了4.47万吨。综合考虑小麦和玉米，2012年全流域约减少了5.38万吨的碳足迹。

2017年黄河流域的小麦生产碳足迹从211.62万吨减少到了207.67万吨，减少了约3.95万吨的碳足迹。2017年黄河流域玉米生产碳足迹约减少了2.63万吨。综合考虑小麦和玉米，2017年全流域约减少了6.58万吨的碳足迹。

因此在统计年度内，小麦生产碳足迹年均约减少了2.43万吨，玉米生产碳足迹年均约减少了3.55万吨，综合考虑小麦和玉米，流域年均约减少5.98万吨的碳足迹。

本研究在上述调控结果计算的基础上，进一步计算了流域粮食生产资源利用效率的变化情况。以单位质量粮食生产蓝水足迹以及粮食生产碳足迹为例，结果分别如表8-13和表8-14所示。同时整理了2012年和2017年各核算内容包括粮食播种面积、粮食产量、粮食生产水足迹、粮食生产总蓝水足迹以及粮食生产碳足迹变化量，如表8-15所示。

表8-13　单位质量粮食生产蓝水足迹变化情况

单位：m^3/kg

年份	小麦			玉米			综合减幅（%）
	调控前	调控后	减少幅度（%）	调控前	调控后	减少幅度（%）	
2012	0.3280	0.3243	1.1280	0.1995	0.1970	1.2531	1.1906
2017	0.3440	0.3403	1.0756	0.1894	0.1864	1.5839	1.3298

表8-14　单位质量粮食生产碳足迹变化情况

单位：kg/kg

年份	小麦			玉米			综合减幅（%）
	调控前	调控后	减少幅度（%）	调控前	调控后	减少幅度（%）	
2012	0.1061	0.1047	1.3195	0.0982	0.0972	1.0183	1.1689
2017	0.1035	0.1023	1.1594	0.1016	0.1000	1.5748	1.3671

表8-15　核算内容调控前后变化量

核算内容	粮食作物类型	2012年	2017年	平均值
粮食播种面积（千公顷）	小麦	−6.34	−64.37	−35.36
	玉米	−37.84	−1.20	−19.52
	总计	−44.18	−65.57	−54.88
粮食产量（万吨）	小麦	19.26	−15.09	2.09
	玉米	−15.43	24.90	4.73
	总计	3.83	9.81	6.82
粮食生产水足迹（亿立方米）	小麦	−0.44	−2.83	−1.64
	玉米	−2.46	−0.86	−1.66
	总计	−2.90	−3.69	−3.30
粮食生产总蓝水足迹（亿立方米）	小麦	−0.12	−1.26	−0.69
	玉米	−1.00	−0.46	−0.73
	总计	−1.12	−1.72	−1.42

（续上表）

核算内容	粮食作物类型	2012年	2017年	平均值
粮食生产碳足迹 （万吨）	小麦	-0.91	-3.95	-2.43
	玉米	-4.47	-2.63	-3.55
	总计	-5.38	-6.58	-5.98

表8-13和表8-14显示，在没有更新农业种植技术、没有改善农业种植环境、没有增加资源投入的前提下，通过调整粮食作物播种面积，优化种植区域，可以减少流域单位质量粮食生产的灌溉用水量以及碳排放量。

结合表8-13至表8-15可知，在保障粮食安全的前提下，在减少粮食播种面积、粮食产量的情况下，流域单位质量粮食生产资源利用量有所降低，减少了灌溉用水量以及碳排放。节约的土地资源以及灌溉水量可以在国家政策指导下因地制宜发展一些低耗水作物或一些高耗水但高收益的品种等，以促进资源的优质利用。例如，《农业部关于"镰刀弯"地区玉米结构调整的指导意见》指出，"镰刀弯"地区可以减少玉米种植，稳定在1亿亩，重点发展大豆、饲草、杂豆等作物。减少的约1.42亿立方米的灌溉用水量，可用于弥补黄河流域生态用水的不足，以促进流域生态在一定程度上的恢复。同样，节约的灌溉用水量也可用于工业和第三产业等，推进流域的经济发展。以《中国统计年鉴2020》公布的2019年数据为例，2019年全国工业生产总值为317108.7亿元，工业用水量为1217.6亿立方米，计算得2019年万元工业生产总值用水量约为38.4立方米，因此黄河流域小麦、玉米播种面积调整后节约的1.42亿立方米的灌溉用水量如果用于工业，约产生370亿元的工业生产总值，该数值约占青海、甘肃、宁夏、内蒙古、陕西、山西、河南、山东全省（区）工业生产总值的45.3%、15.9%、29.1%、6.7%、3.8%、5.7%、2.0%以及1.6%。

二、省（区）间粮食产量与灌溉水量权衡分析

从黄河流域全流域的角度来看，种植结构调整有利于在保障粮食产量增加的同时，降低粮食生产的水足迹以及碳排放量。但需要在不同区域的不同目标之间进行权衡。考虑水资源是黄河流域发展的重要制约因素，本小节

侧重于分析黄河流域各省（区）粮食产量与灌溉水量之间的权衡关系。2012年、2017年的权衡分析分别如图8-3和图8-4所示。图8-3和图8-4中的左、中、右子图分别展示了小麦、玉米以及综合考虑小麦和玉米两种农作物的粮食产量与灌溉水量的关系。

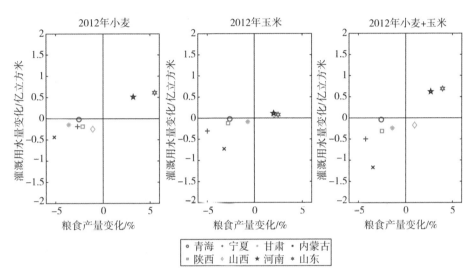

图8-3　黄河流域各省（区）2012年粮食产量与灌溉水量权衡分析

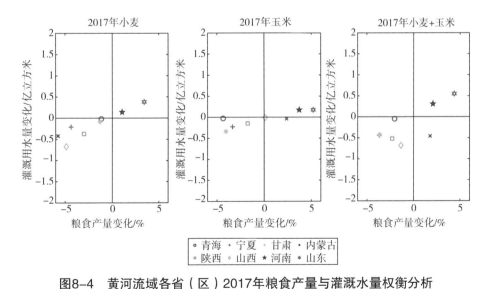

图8-4　黄河流域各省（区）2017年粮食产量与灌溉水量权衡分析

2012年和2017年，当综合考虑小麦和玉米两种农作物时，河南和山东的散点位于第一象限，意味着河南和山东在种植结构调整中，粮食产量提高的同时会导致该地区的灌溉水量有所提升。在黄河流域各省（区）水资源配置量不变的情况下，农业灌溉水量的提升可能会导致其余行业的用水量变小，考虑到工业等行业的单位用水量产值高于农业，河南和山东可能不易接受全流域的种植结构调整方案。如果水资源配置方案适度调整，分配给河南和山东更多的水量用于农业生产，河南和山东可能更容易接受调整方案。

与河南和山东相反，2017年的青海、甘肃、宁夏、陕西、山西以及2012年的青海、甘肃、宁夏、内蒙古、陕西等地的散点主要位于第三象限。粮食产量降低的同时也会使得该地区的灌溉水量有所减少。在黄河流域各省（区）水资源配置量不变的情况下，农业灌溉水量的减少可能会导致其余行业的用水量增多，使得该地区获得更高的产值，且该地区也可通过贸易从其余地区获取相应粮食确保粮食安全，因此这些地区可能会更易接受全流域的种植结构调整方案。如果水资源配置方案适度调整，考虑到这些地区的灌溉需水量有所减少，分配给上述地区的水量有所减少，则这些地区可能不易接受全流域的种植结构调整方案。

2017年内蒙古的粮食生产以及2012年的山西粮食生产散点位于第四象限。在粮食产量增加的同时，当地的灌溉水量有所减少，这些地区受水资源分配方案的影响程度相对较少，会更易于接受调整方案，当地节省下来的水资源量也可用于其他行业以获取更多的产值。种植结构调控是一个有争议的话题，特别是对于跨区域的大型流域而言。种植结构调整应与水资源配置等相关政策高度衔接，充分考虑经济、制度等，以期提高水资源配置方案的可行性和接受性。

第九章　结论与政策建议

第一节　结论

为满足日益增长的粮食需求，我国粮食生产依赖了大量的资源投入，其中包括水资源、农用物资（化肥、农药、农膜、种子等）以及其他能源（灌溉、农用机械使用等的化石能源投入）。这使得我国面临较大的供水压力、温室气体排放增加、土地生产力下降等问题。统筹水资源、能源（包括化石能源和农用物资投入）利用，进行粮食生产资源利用的可持续性评价，并在保障粮食安全的前提下实施考虑资源可持续性利用的粮食生产调控研究有利于更好地促进资源节约，为社会、经济、水资源、环境、粮食生产的可持续性发展提供依据。黄河流域是我国重要的粮食生产基地，然而流域面临严重水资源短缺和环境问题。在黄河流域高质量、绿色发展的情势下，开展流域粮食生产资源利用的可持续性评价及调控研究对保障流域粮食安全以及生态环境保护具有重要意义。本研究取得的主要成果如下。

（1）黄河流域粮食产需特性分析。利用SPAM数据集估算了流域粮食产量，基于人均粮食消耗量、肉类产量、GDP、单位面积种用量估算了流域四种口径粮食消耗量（口粮、饲料用粮、工业用粮和种子用粮）以及最终流域粮食消耗量。此方法为实现资源短缺区粮食供需特性分析提供了可能。结果表明：河南是黄河流域小麦主产区，山西、内蒙古、陕西是黄河流域玉米主产区，流域稻谷产量较低。流域小麦、玉米、稻谷产量分别约占全国的16%、14%和0.66%。流域小麦、玉米、稻谷消耗量分别约占全国的15%、8%和4%。综合考虑三种作物，扣除流域自身消耗，流域粮食余粮量约为457

万吨。

（2）我国粮食贸易分析。基于我国省际粮食供需特性，构建了基于粮食供需平衡原理与我国多区域投入产出模型相结合的省际粮食贸易路径模拟方法，对省际粮食贸易特性进行了分析。此方法减少了部分主观人为假定，更好地考虑了现状物流特性，使得结果更加贴近实际。结果表明：在我国的省际调粮中小麦主要从河南、安徽和江苏调往广东、北京、上海和浙江；玉米主要从黑龙江、吉林、内蒙古和辽宁调往山东、广东、浙江、福建、湖南和江西；稻谷主要从黑龙江、江西和湖南调往浙江、山东、福建、广东、河北和上海。

（3）黄河流域粮食贸易分析。提出了作物净产量权重法，利用该方法和省际粮食贸易进行流域粮食对外贸易分析。研究结果表明：黄河流域每年向流域外调出小麦、玉米量约为119万吨和766万吨。黄河流域每年从流域外调入稻谷以满足需求，稻谷年调入量约为675万吨。考虑三种作物，流域每年粮食净调出量约为210万吨。本研究在粮食对外贸易分析基础上，构建了黄河流域内部粮食运输费用最小模型，模型以粮食产量、消耗量、省际粮食运输量为约束，考虑了公路和铁路两种主要粮食运输方式，对黄河流域内部粮食贸易特性进行了分析。结果表明：流域内部小麦、玉米、稻谷年均贸易量分别约为305万吨、151万吨和30万吨。2007—2008、2012—2013、2017—2018年度流域内部粮食贸易量分别约为291.6万吨、520.6万吨和643.8万吨。黄河流域内部粮食贸易量呈现上升趋势。流域小麦运输的主要铁路线路为南同蒲线、陇海线和包西线，玉米运输的主要铁路线路为包兰线、济晏线和包神线，上述铁路的顺畅对于保障流域粮食安全具有重要意义。

（4）黄河流域粮食生产、贸易水足迹量化。基于水足迹的概念分别量化了流域粮食生产水足迹和粮食贸易水足迹，分析了内部粮食生产以及外部粮食贸易对黄河流域水资源的影响。利用作物生产水足迹量化方法、Penman-Monteith公式、USDA-SCS有效降水量计算法计算了流域单位质量粮食生产绿水足迹、蓝水足迹以及总水足迹。结果表明：宁夏和内蒙古等地由于降水量较少而蒸发量较大，单位质量粮食生产蓝水足迹和总水足迹较大。流域下游河南和山东等地的单位质量粮食生产蓝水足迹和总水足迹相对较小。黄河流域小麦、玉米、稻谷生产的蓝水足迹占比分别接近50%、30%、80%。根据流域粮食贸易特性估算了流域粮食对外贸易伴随的虚拟水流动特性。结果表明：粮食对外贸易过程中，陕西的小麦虚拟水净流出量较大，山西地区的玉米虚拟水净流出量较大，陕西地区的稻谷虚拟水净流入量最大。综合考虑三种作物，流域粮食对外贸易虚拟水净流入量约为37亿立方米。

（5）黄河流域粮食生产、贸易碳足迹量化。基于碳足迹的概念分别量化了流域粮食生产碳足迹和粮食贸易碳足迹，分析了内部粮食生产以及外部粮食贸易对黄河流域碳排放的影响。利用碳排放因子计算了粮食生长阶段翻耕、播种、灌溉、农用物资投入等产生的碳排放。结果表明：内蒙古地区小麦生长氮肥投入量较大，甘肃和陕西地区玉米生长化肥和农膜投入量较大，使得内蒙古地区单位质量小麦生产碳足迹较大，甘肃和陕西地区单位质量玉米生产碳足迹较大。山东和河南等地的单位质量粮食生产碳足迹相对较小。根据流域粮食贸易特性估算了流域粮食对外贸易伴随的隐含碳流动特性。结果表明：粮食对外贸易过程中，陕西小麦隐含碳净流出量最大，甘肃地区玉米隐含碳净流出量最大，而陕西地区稻谷隐含碳净流入量最大。综合考虑三种作物，流域粮食对外贸易隐含碳净流出量约为56万吨。

（6）黄河流域粮食生产资源利用可持续性评价。统筹考虑两种粮食生产资源投入——水资源、能源（包括柴油、电力等能源以及农用物资）投入，综合运用标杆管理、广义数据包络分析、数理统计法等建立了粮食生产资源利用的可持续性评价方法，以此反映不同地区粮食生产资源利用的差异性，评价方法具有全国通用性。将评价方法应用于黄河流域开展流域粮食生产资源利用的可持续性评价研究，结果表明：流域山东和河南绝大多数地区粮食生产资源利用呈现强或较强可持续性等级，而流域其余地区大多呈现中等或较弱可持续性等级。未来，甘肃、内蒙古、青海、陕西等地需进一步提高小麦生产农用物资及能源利用效率，甘肃、陕西应提高玉米生产农用物资及能源利用效率；宁夏、山西等地需进一步提高小麦生产水资源利用效率，青海、宁夏、内蒙古、山西等地需提高玉米生产水资源利用效率。

（7）考虑资源可持续性利用的黄河流域粮食生产调控。基于粮食生产资源利用的可持续性评价结果，构建了以流域粮食生产水足迹、碳足迹最小和粮食产量最大为目标的考虑资源可持续性利用的流域粮食生产调控模型。模型以作物播种面积为决策变量，以用水总量控制红线、粮食安全、播种面积为约束条件，在保障粮食安全的情况下，调控作物播种面积以降低流域资源利用量。结果表明：调控后，受地区粮食生产资源利用相对效率的影响，陕西地区小麦播种面积减少最大，陕西和甘肃地区玉米播种面积减少较大。粮食安全前提下，流域小麦和玉米播种面积分别可减少约35.36千公顷和19.52千公顷，同时分别可减少约2.43万吨和3.55万吨的碳排放，另外分别可减少约0.69亿立方米和0.73亿立方米的灌溉水量，流域单位质量粮食生产水资源利用量和碳排放量都呈减少趋势。减少的播种面积可因地制宜根据政府建议种植其余作物，减少的1.42亿立方米的灌溉用水量如应用于工业，以2019年全国万元工业生产总值用水量38.4立方米换算，约产生370亿元的工业生产总值。调控方案可促进可持续发展目标（SDGs）中的SDG2、SDG6、SDG7等的实现，在保障粮食安全的同时实现了水、能源资源节约以及促进生态、经济发展。

第二节　创新点

本研究主要创新点如下：

（1）综合考虑粮食安全、可持续发展，以"粮食生产、消耗、贸易特性分析—粮食生产水、碳足迹量化"为全链条，构建了粮食生产资源利用可持续性评价及调控方案体系。该体系丰富了水–能源–粮食纽带系统的研究，有利于为未来我国省际及流域粮食路径规划、作物种植结构优化调整、水资源优化配置、碳减排政策制定等提供参考。

（2）结合供需平衡原理与多区域投入产出模型，提出了我国省际粮食贸易路径模拟方法，揭示了全国粮食流通特性。基于作物净产量权重法，估算了流域外部粮食贸易量；构建了粮食运输费用最小模型，估算了流域内部粮食贸易量。

（3）应用标杆管理法及广义数据包络分析模型，提出了综合考虑水资源、农用物资、能源利用的粮食生产资源利用的可持续性评价方法；以流域粮食生产水足迹、碳足迹最小为目标，构建了考虑资源可持续性利用的粮食生产调控模型。

第三节 不足与展望

（1）本研究主要面向黄河流域开展研究，基于水足迹、碳足迹量化开展了流域（市域尺度）资源利用可持续性评价及调控研究。研究方法具有通用性，在资料可获得的情况下，后续研究将逐步扩大研究范围，缩小研究尺度（县域尺度等），开展全中国的评价及调控研究。

（2）本研究的研究尺度是流域尺度，流域尺度的粮食产量、播种面积等资料未进行单独统计。由于数据的限制，本研究根据遥感空间数据集以及行政单元统计数据确定占比进而间接推求流域尺度数据。该方法是解决基础资料尺度不匹配的重要手段，如Chen等（2021）采用占比法估算了中国各地区作物播种面积。假定固定年份的占比不变（例如SPAM数据仅更新到2010年、人口遥感数据更新到2020年），推求流域数据会造成一定的不确定性，使得最终结果与实际存在一定的差异。如果有流域尺度的相关统计资料，结果会更加精确。

（3）本研究主要关注粮食安全的定量研究，考虑当地粮食供给和需求进行粮食安全分析。但是，本研究忽略了区域外粮食贸易、食品安全、消费者喜好、消费者购买力等粮食安全相关维度要素。由于粮食储备量数据获取的限制，本研究未考虑粮食储备。后续研究将进一步开展粮食安全多维度分析，促进粮食安全可持续目标的实现。

（4）粮食贸易受到粮食转运、副产品转化、国际粮食进出口、物流、社会经济以及政治等因素的影响。由于贸易量数据的短缺，本研究提出了将供需平衡原理与多区域投入产出模型相结合的我国省际粮食贸易路径模拟方法，以间接分析黄河流域对外贸易特性。构建了粮食运输费用最小模型，间接分析流域内部粮食贸易特性。如书中所述，不同方法都存在一定的优缺点，本研究考虑的因素同样不够全面。未来的研究还可以考虑更多复杂的因素，如国家对粮食运输的宏观调控、运输时间、运输可达性、转运等；同时将进一步收集各地区及全国粮食贸易数据，以期不断考虑更多因素修正模拟方法，使得结果更贴近实际。

（5）本研究建立的粮食生产资源利用可持续性评价方法除适用于书

中主要粮食作物外，同样适用于其余作物资源利用评价研究。未来将进一步考虑其他作物类型进行评价分析，如FAO（2022）指出粮食安全不仅包括谷物，还包括糖料、油料、蔬菜、水果等，以扩展证实评价方法的适用范围。

（6）本研究在进行考虑资源可持续性利用的粮食生产调控研究中，以当前粮食安全为基础，且仅对农业灌溉水量进行了优化，并未考虑未来的粮食产需结构以及人口增长等引起的生活需水量变化、经济增长引起的工业需水量变化等，下一步可在未来粮食供需预测、播种面积调整、粮食生产资源利用可持续性评价的基础上，基于需求变化开展黄河流域"以水定城、以水定地、以水定人、以水定产"的"四定原则"下的考虑水资源承载能力刚性约束与全用水部门协同的流域资源可持续性利用的调控研究。

第四节　政策建议

一、种植结构调整

我国是农业生产大国，为实现可持续性绿色粮食生产，需要及时基于地区效率差异制定相关政策，促进农业种植结构的调整。种植结构调整可以更好地在满足粮食需求的同时减低环境成本，促进可持续发展。本书对粮食生产资源利用进行可持续性评价研究，由于不同地区的粮食生产生态效率有所差异，研究结果可为黄河流域乃至我国未来的种植结构调整提供针对性的建议，即在国家政策的指导下，以尊重自然规律为前提，因地制宜地扩大优势农作物的播种面积。

（1）从我国的角度来看，小麦生产可持续性等级强或较强的区域例如四川、山东和河南应该进一步扩大小麦的种植面积。小麦生产可持续性等级弱或较弱甚至是中等的地区如内蒙古、青海、云南、宁夏和陕西可适度减少小麦种植面积。类似的，玉米生产可持续性等级强或较强的区域如山东、吉林、辽宁和河南可适度扩大玉米的种植面积，而安徽和新疆则可减少部分玉米种植面积。

（2）从黄河流域的角度来看，小麦生产可持续性等级强或较强的区域如开封、濮阳、新乡、焦作、鹤壁等应进一步扩大小麦种植面积。小麦生产可持续性等级弱或较弱的地区如呼和浩特、乌兰察布、鄂尔多斯、阿拉善等地可适度减少小麦种植面积。类似地，玉米生产可持续性等级强或较强的区域如安阳、新乡、焦作、鹤壁、济宁、泰安、德州等可适度扩大玉米的种植面积，而兰州、武威、乌兰察布、鄂尔多斯等地则可减少部分玉米播种面积。

（3）政府补贴。政府在制定区域种植结构调整政策的同时，应该对生产这类优势产品的生产者给予一定的补贴，例如对四川、山东、河南的小麦生产以及山东、吉林、辽宁和河南的玉米生产给予一定补贴，并制定适当的补贴制度，这样可以提高农户的生产积极性，最终达到种植结构调整的目的。

二、节水、碳减排措施

（1）在适当调整种植结构的同时，针对水资源投入产出不足、粮食生产可持续性等级弱或较弱的粮食生产区，应进一步推进节水技术，以提高灌溉用水效率和粮食生产水资源利用效率。针对能源资源投入产出不足、粮食生产可持续性等级弱或较弱的粮食生产区，有必要提高农业机械化水平，发展低碳农机等，提高粮食生产能源资源利用效率。

（2）提高公众水资源节约与保护意识。借助媒体力量，加强建设节水型社会的宣传，促进公众提高节水意识。开展科技下乡，加强灌溉技术和灌溉设施续建配套、节水改造建设，加强农业节水技能、灌溉技术培训，帮助农民掌握先进的节水理念和先进的节水灌溉制度。加大雨水资源（绿水）利用量，加大对降水资源的收集利用，节约蓝水资源。

（3）弘扬低碳生产理念，增强环保意识。各级政府应积极向农民宣传低碳农业理念，鼓励引导农民采用低碳生产技术，提供技术帮助。在保障粮食安全的前提下，逐步减少化肥施用量，推广有机肥及秸秆还田等技术，提高化肥利用效率。科学调整农药品种，推广精准喷药，提高农药利用率。鼓励农户合理回收利用农膜，将传统老型机械替换为新型节能减排的农业机械。

（4）建立节水及低碳减排补偿机制。加大科技投入和人才引进，对节水设备生产、低碳生产技术等提供政策和资金支持，促进低碳农机、农用物资等的研发和应用，促进节水技术、设备的研发和推广。对节水意识强的以及农业生产耗能较少的农民或地区进行补贴，提高对使用有机肥料等的农户的补贴，提升农民节水积极性，推动农民积极采用高效绿色生产方式。

参考文献

白夏夏. 延安市产业结构现状及优化模型［D］. 西安：西安科技大学，2013.

操信春，任杰，吴梦洋，等. 基于水足迹的中国农业用水效果评价［J］. 农业工程学报，2018，34（5）：1-8.

曹黎明，李茂柏，王新其，等. 基于生命周期评价的上海市水稻生产的碳足迹［J］. 生态学报，2014，34（2）：491-499.

曹连海，吴普特，赵西宁，等. 内蒙古河套灌区粮食生产灰水足迹评价［J］. 农业工程学报，2014，30（1）：63-72.

陈彩苹，丁永建，刘时银. 塔里木河上游阿克苏地区水资源与绿洲农业种植结构调整优化研究——以拜城县为例［J］. 干旱区资源与环境，2007，（5）：29-34.

陈慧琳. 中国大豆进口贸易对生态环境的影响——基于碳足迹的测算分析［J］. 福州大学学报（哲学社会科学版），2019，33（3）：60-64.

陈敏，李永平，王光谦，等. 考虑水足迹的区域作物种植结构分式规划模型研究［J］. 水力发电学报，2017，36（3）：22-30.

陈守煜，马建琴，张振伟. 作物种植结构多目标模糊优化模型与方法［J］. 大连理工大学学报，2003，（1）：12-15.

成丽. 中国粮食对外贸易对耕地资源可持续利用影响研究［D］. 沈阳：沈阳农业大学，2009.

程辞. 兰州市居民食品消费碳足迹研究［D］. 兰州：兰州大学，2013.

程国栋. 虚拟水——中国水资源安全战略的新思路［J］. 中国科学院院刊，2003，（4）：260-265.

程鹏，李叙勇，孙明东. 基于河流参照状态的季风区域季节性农业灰水足迹核算方法与例证［J］. 环境科学学报，2020，40（9）：3453-3462.

崔文超，焦雯珺，闵庆文，等. 基于碳足迹的传统农业系统环境影响评价——以青田稻鱼共生系统为例［J］. 生态学报，2020，40（13）：4362-4370.

崔红艳. 吉林省玉米种植水足迹及其效率分析［J］. 东北农业科学，2021.

戴育琴，冯中朝，李谷成. 中国农产品出口贸易隐含碳排放测算及结构分析［J］. 中国科技论坛，2016，（1）：137-143.

丁雪丽，张玲玲，王宗志. 基于省际间粮食贸易的虚拟水综合效益分析［J］. 长江流域资源与环境，2018，27（5）：978-987.

丁杨. 张掖市居民食物消费水足迹核算与分析［D］. 兰州：兰州财经大学，2018.

丁玉梅，廖程胜，吴贤荣，等. 中国农产品贸易隐含碳排放测度与时空分析［J］. 华中农业大学学报（社会科学版），2017，（1）：44-54，141-142.

董莹，穆月英. 我国粮食生产效率变化及其影响因素——基于能源视角的分析［J］. 西北农林科技大学学报（社会科学版），2014，14（6）：103-111.

段佩利. 基于GIS和水足迹理论的吉林省粮食生产用水效率研究［D］. 长春：东北师范大学，2016.

段巍巍，史磊刚，曾凡立，等. 北京市农业水资源可持续性利用评价［J］. 贵州农业科学，2017，45（9）：143-146.

方恺. 足迹家族：概念、类型、理论框架与整合模式［J］. 生态学报，2015，35（6）：1647-1659.

方兰，李军. 粮食安全视角下黄河流域生态保护与高质量发展［J］. 中国环境管理，2019，11（5）：5-10.

冯变变. 基于水足迹的山西省农业水资源压力评价及其驱动力分析［D］. 太原：山西师范大学，2018.

付恭华，鄢帮有. 中国未来的粮食安全与生态可持续性问题研究——基于粮食生产过程生态足迹的实证分析［J］. 长江流域资源与环境，2013，22（12）：1550-1556.

付国睿，黄子淇，景海钊，等. 基于生产水足迹的粮食作物种植结构优化研究——以辽宁省铁岭市为例［J］．资源开发与市场，2019，35（11）：1362–1367，1374．

傅湘，纪昌明．区域水资源承载能力综合评价——主成分分析法的应用［J］．长江流域资源与环境，1999，（2）：168–173．

盖力强，谢高地，李士美，等．华北平原小麦、玉米作物生产水足迹的研究［J］．资源科学，2010，32（11）：2066–2071．

甘容，李旖旎，杨峰，等．基于三维水足迹模型的河南省水资源可持续利用水平评价［J］．水资源与水工程学报，2023，34（1）：30–39．

高洁，吴普特，谢朋轩，等．灌区蓝绿水资源与作物生产水足迹多时空分布量化分析［J］．农业工程学报，2021，37（5）：105–112．

高洁．灌区实体水–虚拟水耦合流动过程解析与节水潜力评价［D］．咸阳：西北农林科技大学，2022．

高守杰，郭光毅，代希波．基于道路网络分析的省际粮食运输成本研究［J］．物流科技，2014，37（5）：135–139．

郭丽．玉米及其替代品进口背景下中国玉米种植结构调整研究［D］．南京：南京农业大学，2017．

郭萍，赵敏，张妍，等．基于水足迹的河套灌区多目标种植结构优化调整与评价［J］．农业机械学报，2021，52（12）：346–357．

郭相平，余涛，吴梦洋，等．中国省区虚拟水流动及对农业用水的影响［J］．排灌机械工程学报，2018，36（8）：744–749．

H.詹姆斯·哈里顿.标杆管理完全操作手册［M］.北京：中国人民大学出版社，2004．

韩冬，李光泗．中国与"一带一路"沿线国家粮食贸易格局演变与影响机制——基于社会网络学视角［J］．农业经济问题，2020，（8）：24–40．

韩雅文．基于能源消费增长因素分析的中国区域产业结构优化研究［D］．北京：中国地质大学（北京），2019．

郝帅，孙才志，宋强敏．中国能源–粮食生产对水资源竞争的关系——基于水足迹的视角［J］．地理研究，2021，40（6）：1565–1581．

贺亚亚．中国农业地理集聚：时空特征、形成机理与增长效应［D］．武汉：华中农业大学，2017．

侯新，刘玉邦，梁川，等．农业水资源高效利用评价指标体系构建及其应用

［J］. 中国农村水利水电，2011，（9）：8–11.

胡世霞，向荣彪，董俊，等. 基于碳足迹视角的湖北省蔬菜生产可持续发展探讨［J］. 农业现代化研究，2016，37（3）：460–467.

黄志刚，王小立，肖烨，等. 气候变化对松嫩平原水稻灌溉需水量的影响［J］. 应用生态学报，2015，26（1）：260–268.

季国军，纪洪亭，程琨，等. 江苏水稻种植方式碳足迹和经济效益综合评价［J］. 土壤学报，2023.

贾绍凤，梁媛. 新形势下黄河流域水资源配置战略调整研究［J］. 资源科学，2020，42（1）：29–36.

塞益. 大型高碳体育场馆低碳运营影响因素研究［D］. 哈尔滨：黑龙江大学，2015.

姜佩林. 基于遥感的典型黑土区作物种植结构变化分析［D］. 哈尔滨：东北农业大学，2019.

姜旭海，韩玲，李帆. 陕西省主要作物灰水足迹时空变化特征研究［J］. 干旱地区农业研究，2021，39（5）：210–215.

蒋桂芹，王煜，靖娟. 黄河流域最小保有灌溉需水量预测［J］. 人民黄河，2017，39（11）：30–33.

蒋思坚，邓祥征，周晓雪，等. 中美贸易摩擦对我国小麦出口贸易隐含碳影响的预测分析［J］. 农业环境科学学报，2020，39（4）：762–773.

蒋玉飞. 总承包模式下建筑供应链的绩效评价［D］. 大连：大连理工大学，2009.

金晨. 人类活动与气候变化对北京市农业水足迹的影响研究［D］. 北京：北京林业大学，2017.

金菊良，侯志强，蒋尚明，等. 基于单作物系数和遗传算法的受旱胁迫下大豆蒸发蒸腾量估算［J］. 黑龙江大学工程学报，2017，8（1）：1–10，12.

金谦，桂东伟，高霄鹏，等. 新疆主要农作物生产水足迹研究［J］. 干旱地区农业研究，2018，36（6）：243–249.

康爱红. 基于主成分分析的城市水资源分析及优化配置［D］. 邯郸：河北工程大学，2019.

柯兵，柳文华，段光明，等. 虚拟水在解决农业生产和粮食安全问题中的作用研究［J］. 环境科学，2004，（2）：32–36.

兰希. 中日贸易隐含碳测算及影响因素分析［D］. 南昌：江西财经大学，2014.

李波，张俊飚，李海鹏. 中国农业碳排放与经济发展的实证研究［J］. 干旱区资源与环境，2011，12：8–13.

李波，张俊飚. 基于投入视角的我国农业碳排放与经济发展脱钩研究［J］. 经济经纬，2012，（4）：27–31.

李建芳，粟晓玲. 基于虚拟水细分的多目标种植结构优化模型［J］. 灌溉排水学报，2013，32（5）：126–129.

李俊杰. 民族地区农地利用碳排放测算及影响因素研究［J］. 中国人口·资源与环境，2012，22（9）：42–47.

李林峰. 基于多目标优化的黑龙江省种植结构调整［D］. 四平：吉林师范大学，2018.

李萍，郝兴宇，宗毓铮，等. 不同耕作措施对雨养冬小麦碳足迹的影响［J］. 中国生态农业学报，2017，25（06）：839–847.

李强，杨文慧，邹晨昕，等. 滨海滩涂垦区主要大田作物生产碳足迹研究——以江苏省盐城市为例［J］. 中国农业资源与区划，2019，40（7）：188–198.

李树林. 基于广义DEA模型的电网投入产出效率研究［D］. 北京：华北电力大学，2018.

李亚婷. 基于水足迹的宁夏中部干旱带农业结构优化［D］. 银川：宁夏大学，2016.

李颖，葛颜祥，梁勇. 农业碳排放与农业产出关系分析［J］. 中国农业资源与区划，2013，34（03）：60–65，72.

李颖，叶林，李芳. "双碳"目标下的小麦化肥碳减排潜力研究［J］. 中国农业资源与区划，2023（预出版）.

梁美社，王正中. 基于虚拟水战略的农业种植结构优化模型［J］. 农业工程学报，2010，26（S1）：130–133.

梁修如. 我国出口谷物产品的碳足迹分析［D］. 合肥：中国科学技术大学，2015.

刘健. 湖北省主要农产品虚拟水流动格局［J］. 水资源开发与管理，2020，（11）：46–50.

刘景华. 黄河下游引黄灌区水盐分析与水沙调度技术研究［D］. 南京：河海大学，2006.

刘林青，闫小斐. 国际粮食贸易网络多核集聚格局的形成机制研究［J］. 华中农业大学学报（社会科学版），2021，（4）：47–59，179–180.

刘明春，薛生梁. 河西走廊东部沿沙漠地区作物种植结构调整方案［J］. 南京气象学院学报，2003，（1）：124–129.

刘慕华，肖国安. 土地生态视角下中国粮食综合生产可持续能力研究［J］. 科学决策，2019，（10）：22–53.

刘涛. 干旱半干旱地区农田灌溉节水治理模式及其绩效研究［D］. 南京：南京农业大学，2009.

刘显. 国际化绿色化背景下中国西北地区粮食安全研究［D］. 咸阳：西北农林科技大学，2021.

刘幸菡，吴国蔚. 虚拟水贸易在我国农产品贸易中的实证研究［J］. 国际贸易问题，2005，（9）：10–15.

刘英基. 粮食生产的能源投入及技术变动趋势［J］. 华南农业大学学报（社会科学版），2015，14（3）：104–113.

龙洁. 基于LCA的北京市农作物环境足迹集成及其影响评价［D］. 北京：北京林业大学，2020.

吕梦轲，张丽君，秦耀辰，等. 1987—2016年中国粮食贸易时空格局演变及贸易结构安全性评估［J］. 资源科学，2021，43（4）：838–848.

罗瑞. 基于DEA模型的水资源系统效率评价及奖惩机制设计研究［D］. 西安：陕西师范大学，2019.

罗秀丽，杨忍，徐茜. 全球人口与粮食的空间错位演变及影响因素分析［J］. 自然资源学报，2021，36（6）：1381–1397.

马超，许长新，田贵良. 中国农产品国际贸易中的虚拟水流动分析［J］. 资源科学，2011，33（4）：729–735.

马驰，杨中文，宋进喜，等. 1992—2017年中亚五国农作物水足迹变化特征［J］. 中国生态农业学报（中英文），2021，29（2）：269–279.

马晶，彭建. 水足迹研究进展［J］. 生态学报，2013，33（18）：5458–5466.

马静，汪党献，A.Y. Hoekstra，等. 虚拟水贸易在我国粮食安全问题中的应用［J］．水科学进展，2006，（1）：102-107.

马林潇，何英，林丽，等．"三条红线"约束下的种植结构多目标优化模型研究［J］．灌溉排水学报，2018，37（9）：123-128.

马涛，陈家宽．虚拟水贸易在解决中国和全球水危机中的作用［J］．生态经济，2006，（11）：22-26.

马细霞，张李川，路振广．基于虚拟水贸易的灌区种植结构多目标优化模型［J］．灌溉排水学报，2016，35（10）：103-108.

马占新．广义参考集DEA模型及其相关性质［J］．系统工程与电子技术，2012，34（4）：709-714.

毛俊，邵瑞鑫，郭家萌，等．河南省夏玉米生产水足迹区域差异［J］．生态学杂志，2018，37（8）：2317-2323.

宁晓菊．气候变化下我国主要粮食作物种植环境适应性研究［D］．郑州：河南大学，2017.

农业农村部．农业农村部关于印发《"十四五"全国种植业发展规划》的通知：农农发〔2021〕11号．http://www.moa.gov.cn/govpublic/ZZYGLS/202201/t20220113_6386808.htm.

彭少明，郑小康，王煜，等．黄河流域水资源-能源-粮食的协同优化［J］．水科学进展，2017，28（5）：681-690.

彭腾．习近平大农业安全思想探析［J］．湖南财政经济学院学报，2015，31（1）：92-97.

钱海洋．中国区域间粮食贸易量化方法及虚拟水流动格局评价［D］．咸阳：西北农林科技大学，2020.

秦丽杰，靳英华，段佩利．吉林省西部玉米生产水足迹研究［J］．地理科学，2012，32（8）：1020-1025.

任芳，李长明，刘中超，等．我国铁路运粮的现状及发展趋势［J］．现代食品，2019，（22）：13-15.

任盈盈．基于资源和环境导向型多区域投入产出模型（MRIO）的中国虚拟水流动研究［D］．北京：北京林业大学，2020.

山仑，吴普特，康绍忠，等．黄淮海地区农业节水对策及实施半旱地农业可行性研究［J］．中国工程科学，2011，13（4）：37-42.

邵晓梅，严昌荣．黄河流域主要农作物的降水盈亏格局分析［J］．中国农业气象，2007，（1）：40-44.

沈晓梅，孔千慧，于欣鑫，等．长三角地区农业虚拟水流动格局研究——基于水资源拓展的多地区投入产出分析［J］．中国农村水利水电，2023，1-20.

史磊刚，陈阜，孔凡磊，等．华北平原冬小麦-夏玉米种植模式碳足迹研究［J］．中国人口·资源与环境，2011，21（9）：93-98.

宋博．蔬菜生产碳足迹、低碳化与生态补偿机制［D］．北京：中国农业大学，2016.

宋国君，高文程．中国城市节水潜力评估研究［J］．干旱区资源与环境，2017，31（12）：1-7.

宋欣爽．黄河流域主要粮食作物生产水足迹研究［D］．北京：华北电力大学（北京），2017.

孙才志，陈丽新，刘玉玉．中国农作物绿水占用指数估算及时空差异分析［J］．水科学进展，2010，21（5）：637-643.

孙才志，韩琴，郑德凤．中国省际灰水足迹测度及荷载系数的空间关联分析［J］．生态学报，2016，36（1）：86-97.

孙才志，韩雪，秦晓楠．中国区际间主要农产品虚拟水流动格局稳定性［J］．地理研究，2014，33（3）：478-489.

孙才志，靳春玉，郝帅．黄河流域水资源-能源-粮食纽带关系研究［J］．人民黄河，2020，42（9）：101-106.

孙承志，罗慧琼，王婉，等．响水镇农作物种植结构优化研究［J］．农村经济与科技，2020，31（19）：192-195.

孙慧明．习近平民生思想的多维探析［J］．郑州航空工业管理学院学报（社会科学版），2017，36（4）：1-7.

孙凯，梁龙，李仲佰．基于能值改进模型的红米与烤烟作物系统可持续性评价——以贵州省盘州市为例［J］．作物杂志，2022，（4）：146-153.

孙世坤，刘文艳，刘静，等．河套灌区春小麦生产水足迹影响因子敏感性及贡献率分析［J］．中国农业科学，2016，49（14）：2751-2762.

孙世坤，王玉宝，刘静，等．中国主要粮食作物的生产水足迹量化及评价［J］．水利学报，2016，47（9）：1115-1124.

孙世坤，王玉宝，吴普特，等．小麦生产水足迹区域差异及归因分析［J］.

农业工程学报，2015，31（13）：142–148.

陶明锋，张庭婷，谢晓敏. 中国木薯生产水足迹时空特征及水影响研究——以两广地区为例［J］. 中国农业资源与区划，2022.

田丰. 海洋采油厂生产经营绩效评价体系研究［D］. 青岛：中国石油大学（华东），2012.

田云，张俊飚，李波. 基于投入角度的农业碳排放时空特征及因素分解研究——以湖北省为例［J］. 农业现代化研究，2011，32（6）：752–755.

田志会，马晓燕，刘瑞涵. 北京市农田生态系统碳足迹及碳生态效率的年际变化研究［J］. 农业资源与环境学报，2015，32（6）：603–612.

涂金玲，朱再清. 粮食贸易对中国隐含碳排放的影响研究［J］. 世界农业，2023，（2）：82–92.

王芳芳，赵春芳，余凤荣，等. 浙江省主要农作物水足迹时空特征研究［J］. 水资源与水工程学报，2021，32（3）：232–240.

王浩，钮新强，杨志峰，等. 黄河流域水系统治理战略研究［J］. 中国水利，2021，（5）：14.

王浩，汪林，杨贵羽，等. 我国农业水资源形势与高效利用战略举措［J］. 中国工程科学，2018，20（5）：9–15.

王红瑞，王岩，王军红，等. 北京农业虚拟水结构变化及贸易研究［J］. 环境科学，2007，（12）：2877–2884.

王俭，孙铁珩，李培军，等. 基于人工神经网络的区域水环境承载力评价模型及其应用［J］. 生态学杂志，2007，（1）：139–144.

王杰. 基于水足迹与投入产出表模型视角下社会经济水循环通量研究–以新疆北疆为例［D］. 石河子：石河子大学，2019.

王介勇，戴纯，周墨竹，等. 全球粮食贸易网络格局及其影响因素［J］. 自然资源学报，2021，36（6）：1545–1556.

王晋良. 基于生态足迹的城市土地资源可持续利用研究［D］. 大连：大连理工大学，2009.

王磊. 市域尺度农业温室气体排放计量与田块尺度生物质炭减排的可持续性评价［D］. 南京：南京农业大学，2018.

王璐，杜雄，王荣，等. 基于NSGA–Ⅱ算法的白洋淀上游种植结构优化［J］. 中国生态农业学报（中英文），2021，29（8）：1370–1383.

王上，李康利，聂江文，等．华北平原春绿豆-夏玉米种植模式经济效益和碳足迹评价［J］．中国生态农业学报（中英文），2020，28（6）：910-919.

王西琴，王佳敏，张远．基于粮食安全的河南省农业用水分析及其保障对策［J］．中国人口·资源与环境，2014，24（S1）：114-118.

王心雨．粮食生产中的资源耗用与环境影响评价［D］．咸阳：西北农林科技大学，2021.

王鑫．我国区域间粮食虚拟水流动及其对水资源的影响［D］．咸阳：西北农林科技大学，2016.

王旭，高翔，曹蕾，等．水足迹视角下的宁夏中卫市农业水资源利用评价［J］．兰州大学学报（自然科学版），2015，51（5）：619-624.

王玉宝，吴楠，张富尧，等．基于三维水足迹模型的农业用水可持续性评估［J］．农业机械学报，2023，54（1）：287-295.

王钰乔，赵鑫，王兴，等．基于碳足迹角度的中国小麦生产可持续性评价［J］．中国农业大学学报，2018，23（2）：1-10.

吴嘉莘，杨红娟．农业净碳汇测算方法研究综述［J］．农业经济，2020，（10）：29-31.

吴普特，孙世坤，王玉宝，等．作物生产水足迹量化方法与评价研究［J］．水利学报，2017，48（6）：651-660+669.

吴全．内蒙古粮食生产能力与农业水土资源可持续利用评价研究［D］．呼和浩特：内蒙古农业大学，2008.

伍芬琳，李琳，张海林，等．保护性耕作对农田生态系统净碳释放量的影响［J］．生态学杂志，2007，（12）：2035-2039.

肖风劲，徐雨晴，黄大鹏，等．气候变化对黄河流域生态安全影响及适应对策［J］．人民黄河，2021，43（1）：10-14.

肖玉，成升魁，谢高地，等．我国主要粮食品种供给与消费平衡分析［J］．自然资源学报，2017，32（6）：927-936.

徐刚．国际粮食安全态势与中国应对［J］．国家安全研究，2023，（3）：91-117，161-162.

徐佩琦．京津冀地区水-能关联分析——基于多区域投入产出法［D］．北京：中国地质大学（北京），2020.

许源，顾海英，吴开尧. 中国农产品贸易隐含的CO2评估——基于非竞争型投入产出模型［J］. 生态经济，2013，（8）：82-86.

许拯民. 河南省郏县水资源与农业种植结构调整优化规划研究［J］. 水利发展研究，2005，（7）：44-46.

荀晓贤. "双循环"新发展格局下中国粮食安全影响因素研究［D］. 舟山：浙江海洋大学，2022.

闫周府. 劳动禀赋变化、要素替代与农业种植结构调整［D］. 上海：上海财经大学，2020.

尧波，郑艳明，胡丹，等. 江西省县域农业碳排放的时空动态及影响因素分析［J］. 长江流域资源与环境，2014，23（3）：311-318.

姚瑶. 粮食安全综合评价体系的构建及应用［D］. 长沙：湖南农业大学，2016.

姚懿真. 我国粮食作物水足迹与区域虚拟水运移［D］. 北京：中国水利水电科学研究院，2018.

殷琳琳，尹心安. 中国主要粮食作物种植结构调整区域优先序研究［J］. 北京师范大学学报（自然科学版），2020，56（6）：856-863.

殷伟. 我国粮食生产与消费能力脆弱性的时空格局及耦合协调性演变［D］. 南昌：南昌大学，2020.

尹业章. 粮食四散技术的优缺点及发展方向［J］. 现代食品，2016，（3）：14-16.

于爱忠，柴强，殷文等. 玉米农田土壤碳排放及碳平衡对地膜覆盖方式及种植行距的响应［J］. 中国农业科学，2018，51（19），3726-3735.

于美娜. 大连港港口综合竞争力评价研究［D］. 大连：大连海事大学，2017.

余灏哲. 基于SPA耦合模型的山东省水资源承载力及提升对策研究［D］. 济南：山东师范大学，2017.

袁洁. 我国电力产业输配电价格管制研究［D］. 济南：山东大学，2007.

曾宪芳. 西北干旱区县域农田生态系统碳足迹研究［D］. 北京：中国科学院大学，2013.

张红丽，沈镭，李艳梅. 京津冀经济活动隐含的碳排放转移——基于多区域投入产出模型的分析［J］. 资源科学，2017，39（12）：2287-2298.

张慧．基于生态视角的中国粮食可持续安全研究［D］．长沙：湖南大学，2017．

张家欣，黄会平，韩宇平，等．水足迹视角下西北旱区种植结构协同调整［J］．南水北调与水利科技（中英文），2023，21（4）：1-10［2023-09-06］．

张俊艳．城市水安全综合评价理论与方法研究［D］．天津：天津大学，2006．

张利平，夏军，胡志芳．中国水资源状况与水资源安全问题分析［J］．长江流域资源与环境，2009，18（2）：116-120．

张启楠，张凡凡，李福夺，等．粮食虚拟水流动对水资源和区域经济的影响研究［J］．中国农业资源与区划，2018，39（7）：21-28．

张蔚磊．大学英语教师绩效评估研究［D］．上海：上海外国语大学，2011．

张献锋，张瑞美，张昆，等．新形势下农业用水保障的思考［J］．水利发展研究，2015，15（10）：69-72．

张霄阳，陈定江，朱兵，等．基于MRIO对铁矿石开采生态补偿新机制的探讨［J］．中国环境科学，2016，36（11）：3449-3455．

张晓梅，庄贵阳．中国省际区域碳减排差异问题的研究进展［J］．中国人口·资源与环境，2015，25（2）：135-143．

张辛．快递行业发展甩挂运输的思考［J］．邮政研究，2014，30（4）：30-31．

张亚国．长距离输水工程综合评价——以武威市国际陆港供水工程为例［J］．水利水电快报，2021，42（9）：70-73．

张宇，李云开，欧阳志云，等．华北平原冬小麦-夏玉米生产灰水足迹及其县域尺度变化特征［J］．生态学报，2015，（35）：6647-6654．

张瑀桐．华北地区主要粮食作物生长水足迹及适水种植研究［D］．北京：中国水利水电科学研究院，2019．

张郁，张峥，苏明涛．基于化肥污染的黑龙江垦区粮食生产灰水足迹研究［J］．干旱区资源与环境，2013，27（7）：28-32．

张志彬，杨延强，高扬，等．基于山东省农业用水合理利用的多目标农作物种植结构调整［J］．农业工程，2020，10（6）：108-113．

张志强，程国栋．虚拟水、虚拟水贸易与水资源安全新战略［J］．科技导报，2004，（3）：7-10.

赵芮. 基于水足迹的宁夏中部干旱带扬黄灌区种植业结构优化［D］. 银川：宁夏大学，2018.

赵文超. 基于模糊综合评价法的建筑工程施工绿色度评价研究［D］. 南宁：广西大学，2019.

赵银亮，宋华力，毛艳艳. 黄河流域粮食安全及水资源保障对策研究［J］. 人民黄河，2011，33（11）：47-49.

郑田甜，赵筱青，顾泽贤，等. 基于种植业面源污染控制的星云湖流域种植业结构优化［J］. 生态与农村环境学报，2019，35（12）：1550-1556.

中华人民共和国国务院新闻办公室. 中国的粮食安全. http：//www.scio.gov.cn/ztk/dtzt/39912/41906/index.htm.

中国主要农作物需水量等值线图协作组. 中国主要农作物需水量等值线图研究［M］. 北京：中国农业科学技术出版社，1993.

钟华平，耿雷华. 虚拟水与水安全［J］. 中国水利，2004，（5）：22 23，5.

周惠成，彭慧，张弛，等. 基于水资源合理利用的多目标农作物种植结构调整与评价［J］. 农业工程学报，2007，（9）：45-49.

周志花. 利用LCA法核算农作物生产碳足迹［D］. 北京：中国农业科学院，2018.

卓拉，栗萌，吴普特，等. 黄河流域作物生产与消费实体水-虚拟水耦合流动时空演变与驱动力分析［J］. 水利学报，2020，51（9）：1059-1069.

卓拉，王伟，冯变变，等. 黄河流域小麦生产水足迹量化与评价［J］. 农业机械学报，2019，50（9）：264-271.

邹洪彬，俞建定，崔玉. 基于多目标粒子群的机器人轨迹优化［J］. 无线通信技术，2022，31（1）：56-61.

Adeyemo J，Otieno F. Differential evolution algorithm for solving multi-objective crop planning model［J］. Agricultural Water Management，2010，97（6）：848-856.

Afzal J，Noble D H，Weatherhead E K. Optimization model for alternative use of different quality lrrigation waters［J］. Journal of Irrigation and Drainage Engineering，1992，118（2）：218-228.

Agus F, Andrade J F, Edreira J I R, et al. Yield gaps in intensive rice-maize cropping sequences in the humid tropics of Indonesia [J]. Field Crops Research, 2019, 237: 12-22.

Ali S A, Tedone L, Verdini L, et al. Effect of different crop management systems on rainfed durum wheat greenhouse gas emissions and carbon footprint under Mediterranean conditions [J]. Journal of Cleaner Production, 2017, 140: 608-621.

Allan J A. Fortunately there are substitutes for water: Otherwise our hydropolitical futures would be impossible [C] // Priorities for Water Resources Allocation and Management. London, United Kingdom: ODA, 1993.

Allen R G, Pereira L S, Raes D, et al. Crop evapotranspiration-Guidelines for computing crop water requirements-FAO Irrigation and drainage paper 56 [R]. Rome, Italy: Food and Agriculture Organization, 1998.

An T L, Wang L Z, Gao X R, et al. Simulation of the virtual water flow pattern associated with interprovincial grain trade and its impact on water resources stress in China [J]. Journal of Cleaner Production, 2021, 288: 125670.

Anderson W, You L, Wood S, et al. An analysis of methodological and spatial differences in global cropping systems models and maps [J]. Global Ecology and Biogeography, 2014, 24 (2): 180-191.

Bajgai Y, Yeshey Y, Mastro G D, et al. Influence of nitrogen application on wheat crop performance, soil properties, greenhouse gas emissions and carbon footprint in central Bhutan [J]. Environmental Development, 2019, 32 (1): 100469.

Barber A, Pellow G, Barber M. Carbon footprint of New Zealand arable production-wheat, maize silage, maize grain and ryegrass seed [R]. Ministry of Agriculture and Forestry, 2011. https://www.mpi.govt.nz/dmsdocument/4018.

Bazrafshan O, Vafaei K, Etedali H R, et al. Economic analysis of water footprint for water management of rain-fed and irrigated almonds in Iran [J]. Irrigation Science, 2023.

Benbi D K. Carbon footprint and agricultural sustainability nexus in an intensively cultivated region of Indo-Gangetic Plains [J]. Science of the Total

Environment, 2018, 644: 611–623.

Bocchiola D. Impact of potential climate change on crop yield and water footprint of rice in the Po valley of Italy [J]. Agricultural System, 2015, 139: 223–237.

Brindha K. International virtual water flows from agricultural and livestock products of India [J]. Journal of Cleaner Production, 2017, 161: 922–930.

Chapagain A K, Hoekstra A Y. Virtual water trade: A quantification of virtual water flows between nations in relation to international crop trade [C] // Value of Water Research Report Series. Delft, Netherlands: UNESCO-IHE, 2003.

Casolani N, Pattara C, Liberatore L. Water and Carbon footprint perspective in Italian durum wheat production [J]. Land Use Policy, 2016, 58: 394–402.

Chapagain A K, Hoekstra A Y, Savenije H H G. Water saving through international trade of agricultural products [J]. Hydrology and Earth System Sciences, 2006, 10 (3): 455–468.

Chapagain A M, Hoekstra A Y. The blue, green and grey water footprint of rice from production and consumption perspectives [J]. Ecological Economics, 2011, 70 (4), 749–758.

Charnes A, Cooper W W, Rhodes E. Measuring the efficiency of decision making units [J]. European Journal of Operational Research, 1978, 2 (6): 429–444.

Chen B, Han M Y, Peng K, et al. Global land–water nexus: Agricultural land and freshwater use embodied in worldwide supply chains [J]. Science of the Total Environment, 2018, 613–614: 931–943.

Chen L, Chang J, Wang Y, et al. Disclosing the future food security risk of China based on crop production and water scarcity under diverse socioeconomic and climate scenarios [J]. Science of the Total Environment, 2021, 790: 148110.

Cheng K, Yan M, Nayak D, et al. Carbon footprint of crop production in China: an analysis of National Statistics data [J]. Journal of Agricultural Science, 2015, 153 (3): 422–431.

Chouchane H, Krol M S, Hoekstra A Y. Changing global cropping patterns to minimize national blue water scarcity [J]. Hydrology and Earth System

Sciences, 2020, 24（6）: 3015-3031.

Chukalla A D, Krol M S, Hoekstra A Y. Grey water footprint reduction in irrigated crop production: effect of nitrogen application rate, nitrogen form, tillage practice and irrigation strategy [J]. Hydrology and Earth System Sciences, 2018, 22（6）: 3245-3259.

Coats A W, David R. The Principles of Political Economy and Taxation [J]. The Economic History Review, 1973, 26（4）: 723.

Coello C A C, Lechuga M S. MOPSO: A proposal for multiple objective particle swarm optimization [J]. Proceedings of the Evolutionary Computation on 2002 Congress on Evolutionary Computation, 2002, 2: 1051-1056.

Coello C A C, Pulido G T, Lechuga M S. Handling multiple objectives with particle swarm optimization [J]. IEEE Transactions on Evolutionary Computation, 2004, 8（3）: 256-279.

Congalton R G, Gu J, Yadav K, et al. congalton [J]. Remote Sensing, 2014, 6（12）: 12070-12093.

Crovella T, Paiano A, Lagioia G. A meso-level water use assessment in the Mediterranean agriculture. Multiple applications of water footprint for some traditional crops [J]. Journal of Cleaner Production, 2022, 330: 129886.

Cui S M, Wu M Y, Huang X, et al. Unravelling resources use efficiency and its drivers for water transfer and grain production processes in pumping irrigation system [J]. Science of the Total Environment, 2022, 818: 151810.

Dachraoui M, Sombrero A. Effect of tillage systems and different rates of nitrogen fertilisation on the carbon footprint of irrigated maize in a semiarid area of Castile and Leon, Spain [J]. Soil & Tillage Research, 2020, 196: 104472.

Dai C, Qin X S, Lu W T. A fuzzy fractional programming model for optimizing water footprint of crop planting and trading in the Hai River Basin, China [J]. Journal of Cleaner Production, 2021, 278: 123196.

Dalin C, Hanasaki N, Qiu H G, et al. Water resources transfers through Chinese interprovincial and foreign food trade [J]. Proceedings of the National Academy of Sciences, 2014, 111（27）: 9774-9779.

Das B, Singh A, Panda S N, et al. Optimal land and water resources allocation policies for sustainable irrigated agriculture [J] . Land Use Policy, 2015, 42: 527–537.

de Miguel A, Kallache M, Garcia–Calvo. The Water Footprint of Agriculture in Duero River Basin [J] . Sustainability, 2015, 7 (6) : 6759–6780.

de Moura E G, de Sousa R M, Campos L S, et al. Could more efficient utilization of ecosystem services improve soil quality indicators to allow sustainable intensification of Amazonian family farming [J] . Ecological Indicators, 2021, 127: 107723.

Deng C, Zhang G, Li Z, et al. Interprovincial food trade and water resources conservation in China [J] . Science of the Total Environment, 2020, 737: 139651.

Dong H J, Geng Y, Hao D, et al. Virtual water flow feature of water–rich province and the enlightenments: Case of Yunnan in China [J] . Journal of Cleaner Production, 2019, 235: 328–336.

Dou Z X, Toth J D. Global primary data on consumer food waste: Rate and characteristics A review [J] . Resources Conservation and Recycling, 2021, 168: 105332.

Dubey A, Lal R. Carbon Footprint and Sustainability of Agricultural Production Systems in Punjab, India, and Ohio, USA [J] . Journal of Crop Improvement, 2009, 23 (4) : 332–350.

El Gafy I, Grigg N, Reagan W. Water–food–energy nexus index to maximize the economic water and energy productivity in an optimal cropping pattern [J] . Water International, 2017, 42 (4) : 495–503.

El–Marsafawy S M, Mohamed A I. Water footprint of Egyptian crops and its economics [J] . Alexandria Engineering Journal, 2021, 60 (5) : 4711–4721.

Elbeltagi A, Aslam M R, Malik A, et al. The impact of climate changes on the water footprint of wheat and maize production in the Nile Delta, Egypt [J] . Science of the Total Environment, 2020, 743: 140770.

Escobar N, Tizado E J, Ermgassen E K H J, et al. Spatially–explicit footprints of agricultural commodities: Mapping carbon emissions embodied in Brazil's soy exports［J］. Global Environmental Change, 2020, 62: 102067.

Ewaid S H, Abed S A, Al-Ansari N. Water Footprint of Wheat in Iraq［J］. Water, 2019, 11（3）: 535.

FAO（Food and Agriculture Organization of the United Nations）. World food and agriculture-Statistical Yearbook 2022［R］. Rome, Italy: FAO, 2022.

Fasakhodi A A, Nouri S H, Amini M. Water resources sustainability and optimal cropping pattern in farming systems: A multi-objective fractional goal programming approach［J］. Water Resources Management, 2010, 25（15）: 4639-4657.

Feng B B, Zhuo L, Mekonnen M M, et al. Inputs for staple crop production in China drive burden shifting of water and carbon footprints transgressing part of provincial planetary boundaries［J］. Water Research, 2022, 221: 118803.

Frolking S, Qiu J, Boles S, et al. Combining remote sensing and ground census data to develop new maps of the distribution of rice agriculture in China［J］. Global Biogeochemical Cycles, 2002, 16（4）: 1-10.

Fu Q, Li J, Li T, et al. Utilization threshold of surface water and groundwater based on the system optimization of crop planting structure［J］. Frontiers of Agricultural Science and Engineering, 2016, 3（3）: 231-240.

Fugazza D, Aletti G, Bertoni D, et al. Farmland use data and remote sensing for ex-post assessment of CAP environmental performances: An application to soil quality dynamics in Lombardy［J］. Remote Sensing Applications: Society and Environment, 2022, 26: 100723.

Galán-Martín A, Pozo C, Guillén-Gosálbez G, et al. Multi-stage linear programming model for optimizing cropping plan decisions under the new Common Agricultural Policy［J］. Land Use Policy, 2015, 48: 515-524.

Galli A, Wiedmann T, Ercin E, et al. Integrating Ecological, Carbon and Water footprint into a "Footprint Family" of indicators: Definition and role in tracking human pressure on the planet［J］. Ecological Indicators, 2012, 16: 100-112.

Gan Y T, Liang C, Chai Q, et al. Improving farming practices reduces the carbon footprint of spring wheat production［J］. Nature Communications, 2014, 5:

5012.

Gebremariam F T, Habtu S, Yazew E, et al. The water footprint of irrigation-supplemented cotton and mung-bean crops in Northern Ethiopia [J] . Heliyon, 2021, 7（4）: e06822.

Gheewala S H, Silalertruksa T, Nilsalab P, et al. Water footprint and impact of water consumption for food, feed, fuel crops production in Thailand [J] . Water, 2014, 6（6）: 1698-1718.

Grafton R Q, Williams J, Perry C J, et al. The paradox of irrigation efficiency [J] . Science, 2018, 361（6404）: 748-750.

Gumidyala S, Ruess P J, Konar M, et al. Groundwater depletion embedded in domestic transfers and international exports of the United States [J] . Water Resources Research, 2020, 56（2）: 1-20.

Hassan R, Cohanim B, de Weck O, et al. A comparison of particle swarm optimization and the genetic algorithm [C] // 46th AIAA/ASME/ASCE/AHS/ASC Structures, Structural Dynamics & Materials Conference. Austin, Texas, 2005. https://doi.org/10.2514/6.2005-1897.

He L Y, Zhang A F, Wang X D, et al. Effects of different tillage practices on the carbon footprint of wheat and maize production in the Loess Plateau of China [J] . Journal of Cleaner Production, 2019, 234: 297-305.

Hillier J, Hawes C, Squire G, et al. The carbon footprints of food crop production [J] . International Journal of Agricultural Sustainability, 2009, 7（2）: 107-118.

Hoekstra A Y. Virtual water trade: Proceedings of the international expert meeting on virtual water trade [C] // Value of Water Research Report Series No. 12. Delft, Netherlands: UNESCO-IHE, 2003.

Hoekstra A Y, Chapagain A K. Water footprints of nations: Water use by people as a function of their consumption pattern [J] . Water Resources Management, 2007, 21（1）: 35-48.

Hoekstra A Y, Hung P Q. Globalisation of water resources: international virtual water flows in relation to crop trade [J] . Global Environmental Change-human and Policy Dimensions, 2005, 15（1）: 45-56.

Huan S H, Liu X L. Network modeling and stability improvement of the water-energy-fertilizer-food nexus flows based on global agricultural trade [J]. Sustainable Production and Consumption, 2023, 39: 480-494.

International Food Policy Research Institute. Global spatially-disaggregated crop production statistics data for 2010 version 2.0 [DS]. Harvard Dataverse, V4. https://doi.org/10.7910/DVN/PRFF8V.

IPCC (Intergovernmental Panel for Climate Change). Climate change 2014: Impacts, adaptation, and vulnerability [M]. Cambridge, U.K.: Cambridge University Press, 2014.

Itoh T, Ishii H, Nanseki T. A model of crop planning under uncertainty in agricultural management [J]. International Journal of Production Economics, 2003, 81-2: 555-558.

Jain S, Ramesh D, Bhattacharya D. A multi-objective algorithm for crop pattern optimization in agriculture [J]. Applied Soft Computing Journal, 2021, 112 (2-4): 107772.

Kashyap D, Agarwal T. Carbon footprint and water footprint of rice and wheat production in Punjab, India [J]. Agricultural Systems, 2021, 186: 102959.

Kennedy J, Eberhart R C. Particle swarm optimization [C] // Proceedings of ICNN'95-International Conference on Neural Networks. IEEE, 1995. https://ieeexplore.ieee.org/document/488968/citations#citations.

Lal R. Carbon emission from farm operations [J]. Environmental International, 2004, 30 (7): 981-990.

Leontief W W. Quantitative input and output relations in the economic systems of the United States [J]. The Review of Economics and Statistics, 1936, 18 (3): 105-125.

Li W, Qu Q X, Chen Y L. Decomposition of China's CO_2 emissions from agriculture utilizing an improved Kaya identity [J]. Environmental Science and Pollution Research, 2014, 21 (22): 13000-13006.

Li Z G, Liu Z H, Anderson W, et al. Chinese rice production area adaptations to climate changes, 1949-2010 [J]. Environmental Science and Technology,

2015, 49（4）: 2032–2037.

Li Z, Li J D. The influence mechanism and spatial effect of carbon emission intensity in the agricultural sustainable supply: evidence from china's grain production［J］. Environmental Science and Pollution Research, 2022, 29（29）: 44442–44460.

Lin J Y, Hu Y C, Cui S H, et al. Carbon footprints of food production in China（1979–2009）［J］. Journal of Cleaner Production, 2015, 90: 97–103.

Liu J G, Fritz S, van Wesenbeeck C F A, et al. A spatially explicit assessment of current and future hotspots of hunger in sub–Saharan Africa in the context of global change［J］. Global and Planetary Change, 2008, 64（3–4）: 222–235.

Liu J G, Williams J R, Zehnder A J B, et al. GEPIC – modelling wheat yield and crop water productivity with high resolution on a global scale［J］. Agricultural Systems, 2007, 94（2）: 478–493.

Liu X, Kleme J J, Varbanov P S, et al. Virtual carbon and water flows embodied in international trade: a review on consumption–based analysis［J］. Journal of Cleaner Production, 2017, 146（10）: 20–28.

Liu Y, Wang S, Chen B. Blue, green and grey water embodied in food supply chain in China［J］. Energy Procedia, 2018, 152: 287–292.

Long A H, Yu J W, Deng X Y, et al. Understanding the spatial–temporal changes of oasis farmland in the Tarim River basin from the perspective of agricultural water footprint［J］. Water, 2021, 13（5）: 696.

Lopez L I F, Bautista–Capetillo C. Green and Blue Water Footprint Accounting for Dry Beans（Phaseolus vulgaris）in Primary Region of Mexico［J］. Sustainability, 2015, 7（3）: 3001–3016.

Mahmood M, Tian Y, Ma Q X, et al. Changes in phosphorus fractions in response to long–term nitrogen fertilization in loess plateau of China［J］. Field Crop Research, 2021, 270: 108207.

Mainuddin M, Gupta A D, Onta P R. Optimal crop planning model for an existing groundwater irrigation project in Thailand［J］. Agricultural Water Management, 1997, 33（1）: 43–62.

Mekonnen M M, Hoekstra A Y. A global and high-resolution assessment of the green, blue and grey water footprint of wheat [J]. Hydrology and Earth System Sciences, 2010, 14（7）: 1259-1276.

Mekonnen M M, Hoekstra A Y. Sustainability of the blue water footprint of crops [J]. Advances in Water Resources, 2020, 143: 103679.

Mekonnen M M, Hoekstra A Y. The green, blue and grey water footprint of crops and derived crop products [J]. Hydrology and Earth Sciences, 2011, 15（5）: 1577-1600.

Mekonnen M M, Hoekstra A Y. The water footprint of humanity [J]. Proceedings of the National Academy of Sciences of the United States of America, 2012, 109（9）: 3232.

Moutinho V, Madaleno M, Robaina M. The economic and environmental efficiency assessment in EU cross-country: evidence from DEA and quantile regression approach [J]. Ecological Indicators, 2017, 78: 85-97.

Mullick M, Das N. Estimation of the spatial and temporal water footprint of rice production in Bangladesh [J]. Sustainable Production and Consumption, 2021, 25: 511-524.

Munro S A, Fraser G C G, Snowball J D, et al. Water footprint assessment of citrus production in South Africa: A case study of the Lower Sundays River Valley [J]. Journal of Cleaner Production, 2016, 135: 668-678.

Nayak A K, Tripathi R, Debnath M, et al. Carbon and water footprints of major crop production in India [J]. Pedosphere, 2023, 33（3）: 448-462.

Nisar S, Benbi D K, Toor A S. Energy budgeting and carbon footprints of three tillage systems in maize-wheat sequence of north-western Indo-Gangetic Plains [J]. Energy, 2021, 229: 120661.

Novoa V, Ahumada-Rudolph R, Rojas O, et al. Sustainability assessment of the agricultural water footprint in the Cachapoal River basin, Chile [J]. Ecological Indicators, 2019, 98: 19-28.

Novoa V, Rojas O, Ahumada-Rudolph R, et al. Water footprint and virtual water flows from the Global South: Foundations for sustainable agriculture in periods of drought [J]. Science of the Total Environment, 2023, 869: 161526.

Pant M, Thangaraj R, Rani D, et al. Estimation of Optimal crop plan using nature inspired metaheuristics [J] . World Journal of Modelling and Simulation, 2010, 6 (2) : 97–109.

Pellegrini P, Fern á ndeza R J. Crop intensification, land use, and on–farm energy–use efficiency during the worldwide spread of the green revolution [J] . Proceedings of the National Academy of Sciences, 2018, 115 (10) : 2335–2340.

Phalke A R, Özdoğan M, Thenkabail P S, et al. Mapping croplands of Europe, Middle East, Russia, and Central Asia using Landsat, Random Forest, and Google Earth Engine [J] . ISPRS Journal of Photogrammetry and Remote Sensing, 2020, 167: 104–122.

Pishgar–Komleh S H, Ghanderijani M, Sefeedpari P. Energy consumption and CO_2 emissions analysis of potato production based on different farm size levels in Iran [J] . Journal of Cleaner Production, 2012, 33: 183–191.

Platis D P, Menexes G C, Kalburtji K L, et al. Energy budget, carbon and water footprint in perennial agro and natural ecosystems inside a Natura 2000 site as provisioning and regulating ecosystem services [J] . Environmental Science and Pollution Research, 2023, 30 (1) : 1288–1305.

Raes D, Steduto P, Hsiao T C, et al. AquaCrop–The FAO crop model to simulate yield response to water: II. Main algorithms and software description [J] . Agronomy Journal, 2009, 101 (3) : 438–447.

Rahman M D M, Aravindakshan S, Hoque M A, et al. Conservation tillage (CT) for climate–smart sustainable intensification: Assessing the impact of CT on soil organic carbon accumulation, greenhouse gas emission and water footprint in wheat crop in Bangladesh [J] . Environmental and Sustainability Indicators, 2021, 10: 100106.

Ramos F L, Batres R, De–la–Cruz–Marquez C G, et al. Optimization models for nopal crop planning with land usage expansion and government subsidy [J] . Socio–Economic Planning Sciences, 2023, 89: 101693.

Rees W E. Ecological footprints and appropriated carrying capacity: what urban economics leaves out [J] . Environment and Urbanization, 1992, 4 (2) :

121-130.

Renault D. Value of virtual water in food: Principles and virtues [C] // Workshop on Virtual Water Trade. Delft, Netherlands: UNESCO-IHE, 2002. https:// www.fao.org/3/ap527e/ap527e.pdf.

Rodriguez C I, de Galarreta V A R, Kruse E E. Analysis of water footprint of potato production in the pampean region of Argentina [J]. Journal of Cleaner Production, 2015, 90: 91-6.

Roudbari M V, Dehnavi A, Jamshidi S, et al. A multi-pollutant pilot study to evaluate the grey water footprint of irrigated paddy rice [J]. Agricultural Water Management, 2023, 282: 108291.

Rusli N M, Noor Z Z, Taib S M, et al. Water-energy-food nexus components: Assessment of water footprint in rice production in Malaysia using the LCA approach [J]. Transactions of the Indian National Academy of Engineering, 2023, 8: 113-125.

Saaty T L. Fundamentals of Decision Making and Priority Theory with the Analytic Hierarchy Process [M]. Pittsburgh: RWS Publications, 2000.

Sadeghi S H, Moghadam E S, Delavar M, et al. Application of water-energy-food nexus approach for designating optimal agricultural management pattern at a watershed scale [J]. Agricultural Water Management, 2020, 233: 106071.

Safa M, Samarasinghe S. Determination and modelling of energy consumption in wheat production using neural networks: "A case study in Canterbury province, New Zealand" [J]. Energy, 2011, 36 (8): 5140-5147.

Schaltegger S, Sturm A. Ökologische Rationalität [J]. Die Unternehmung, 1990, 44 (4): 273-290.

Sedghamiz A, Nikoo M R, Heidarpour M, et al. Developing a non-cooperative optimization model for water and crop area allocation based on leader-follower game [J]. Journal of Hydrology, 2018, 567: 51-59.

Shafa N S, Babazadeh H, Aghayari F, et al. Multi-objective planning for optimal exploitation of surface and groundwater resources through development of an optimized cropping pattern and artificial recharge system [J]. Ain Shams Engineering Journal, 2023, 14 (2): 101847.

Singh A. Conjunctive use of water resources for sustainable irrigated agriculture [J]. Journal of Hydrology, 2014, 519: 1688-1697.

Singh A, Panda S N. Development and application of an optimization model for the maximization of net agricultural return [J]. Agricultural Water Management, 2012, 115 (12): 267-275.

Singh P, Singh G, Sodhi G. Energy and carbon footprints of wheat establishment following different rice residue management strategies vis-à-vis conventional tillage coupled with rice residue burning in north-western India [J]. Energy, 2020, 200: 117554.

Smith M. A computer program for irrigation planning and management [M]. Food and Agriculture Organization of the United Nations, 1992.

Strutt J, Wilson S, Shorney-Darby H, et al. Assessing the carbon footprint of water production [J]. Journal – American Water Works Association, 2008, 100 (6): 80-91.

Sun S K, Wu P T, Wang Y B, et al. The impacts of interannual climate variability and agricultural inputs on water footprint of crop production in an irrigation district of China [J]. Science of the Total Environment, 2013, 444: 498-507.

Sun SK, Wang Y B, Engel B A, et al. Effects of virtual water flow on regional water resources stress: A case study of grain in China [J]. Science of the Total Environment, 2016, 550: 871-879.

Tantiwatthanaphanich T, Shao X, Huang L, et al. Evaluating carbon footprint embodied in Japanese food consumption based on global supply chain [J]. Structural Change and Economic Dynamics, 2022, 63: 56-65.

Tian P P, Lu H W, Heijungs R, et al. Patterns of carbon footprints of main grains production in China: a comparison between main and non-main producing areas [J]. Environmental Science and Pollution Research, 2022, 29 (16): 23595-23606.

Tomaz A, Palma J F, Ramos T, et al. Yield, technological quality and water footprints of wheat under Mediterranean climate conditions: A field experiment to evaluate the effects of irrigation and nitrogen fertilization strategies [J].

Agricultural Water Management, 2021, 258: 107214.

United Nations. Transforming our world: The 2030 agenda for sustainable development [Z]. 2015.

Vanham D, Bidoglio G. The water footprint of agricultural products in European river basins [J]. Environmental Research Letters, 2014, 9 (6): 064007.

Verburg P H, Neumann K, Nol L. Challenges in using land use and land cover data for global change studies [J]. Global Change Biology, 2011, 17 (2): 974–989.

Virtanen Y, Kurppa S, Saarinen M, et al. Carbon footprint of food-approaches from national input-output statistics and a LCA of a food portion [J]. Journal of Cleaner Production, 2011, 19 (16): 1849–1856.

Visser F, Dargusch P, Smith C, et al. A Comparative analysis of relevant crop carbon footprint calculators, with reference to cotton production in Australia [J]. Agroecology and Sustainable Food Systems, 2014, 38 (8): 962–992.

Wang S, Fu G R, Ma X Q, et al. Exploring the optimal crop planting structure to balance water saving, food security and incomes under the spatiotemporal heterogeneity of the agricultural climate [J]. Journal of Environmental Management, 2021, 295: 113130.

Wang Y B, Wu P T, Zhao X N, et al. Virtual water flows of grain within China and its impact on water resource and grain security in 2010 [J]. Ecological Engineering, 2014, 69: 255–264.

Wang Y, Wu P, Zhao X, et al. Water-saving grop planning using multiple objective chaos particle swarm optimization for sustainable agricultural and soil resources development [J]. CLEAN-Soil Air Water, 2012, 40 (12): 1376–1384.

Wang Y, Zhu Y, Zhang S, et al. What could promote farmers to replace chemical fertilizers with organic fertilizers? [J]. Journal of Cleaner Production, 2018, 199: 882–890.

Wang Z B, Zhang H L, Lu X H, et al. Lowering carbon footprint of winter wheat by improving management practices in North China Plain [J]. Journal of Cleaner Production, 2016, 112: 149–157.

Weinzettel J, Pfister S. International trade of global scarce water use in agriculture: Modeling on watershed level with monthly resolution [J]. Ecological Economics, 2019, 159: 301–311.

West T O, Marland G. A synthesis of carbon sequestration, carbon emissions, and net carbon flux in agriculture: comparing tillage practices in the United States [J]. Agriculture, Ecosystems and Environment, 2002, 91 (1–3): 217–232.

Whitlark D, Dunteman G H. Principal components analysis [J]. Journal of Marketing Research, 1990, 27 (2): 243.

Wiedmann T, Minx J. A Definition of Carbon Footprint [M]. In: C. C. Pertsova, Ecological Economics Research Trends: Chapter 1, pp. 1–11, Nova Science Publishers, Hauppauge NY, USA, 2008. https://www.researchgate.net/publication/247152314_A_Definition_of_Carbon_Footprint.

Williams I, Kemp S, Coello J, et al. A beginner's guide to carbon footprinting [J]. Carbon Management, 2014, 3 (1): 55–67.

Williams J R, Jones C A, Kiniry J R, et al. The EPIC crop growth model [J]. Transactions of the Asae, 1989, 32 (2): 497–511.

World Business Council for Sustainable Development (WBCSD). Eco-efficient Leadership for Improved Economic and Environmental Performance [R]. Geneva: WBCSD, 1996.

Xiao X M, Boles S, Liu J Y, et al. Mapping paddy rice agriculture in southern China using multi-temporal MODIS images [J]. Remote Sensing of Environment, 2005, 95 (4): 480–492.

Yang B, Zhang Z, Wu H. Detection and attribution of changes in agricultural ecoefficiency within rapid urbanized areas: a case study in the Urban agglomeration in the middle Reaches of Yangtze River, China [J]. Ecological Indicators, 2022, 144: 109533.

Yan M, Cheng K, Luo T, et al. Carbon footprint of grain crop production in China –based on farm survey data [J]. Journal of Cleaner Production, 2015, 104: 130–138.

Yodkhum S, Gheewala S H, Sampattagul S. Life cycle GHG evaluation of organic rice production in northern Thailand [J]. Journal of Environmental Management, 2017, 196: 217-223.

Yousefi M, Damghani A M, Khoramivafa M. Energy consumption, greenhouse gas emissions and assessment of sustainability index in corn agroecosystems of Iran [J]. Science of the Total Environment, 2014, 493: 330-335.

You L Y, Wood S. An entropy approach to spatial disaggregation of agricultural production [J]. Agricultural Systems, 2006, 90 (1-3): 329-347.

Zadeh L A. Fuzzy sets [J]. Information and Control. 1965, 8: 338-353.

Zarezadeh M, Delavar M, Morid S, et al. Evaluating the effectiveness of macro-level water-saving policies based on water footprint sustainability indicators [J]. Agricultural Water Management, 2023, 282: 108272.

Zhang H, Liang Q, Peng Z, et al. Response of greenhouse gases emissions and yields to irrigation and straw practices in wheat-maize cropping system [J]. Agricultural Water Management, 2023, 28 (31): 108281.

Zhang Y, Zhang J H, Tang G R, et al. Virtual water flows in the international trade of agricultural products of China [J]. Science of the Total Environment, 2016, 557: 1-11.

Zheng J, Sun C. The short-range and remote analysis of virtual water trade in China [J]. Journal of Cleaner Production, 2023, 415 (20): 137831.

Zhong H M, Liu Z J, Wang J Y. Understanding impacts of cropland pattern dynamics on grain production in China: An integrated analysis by fusing statistical data and satellite-observed data [J]. Journal of Environmental Management, 2022, 313 (1): 114988.

Zhuo L, Mekonnen M M, Hoeksra AY. The effect of inter-annual variability of consumption, production, trade and climate on crop-related green and blue water footprints and inter-regional virtual water trade: A study for China (1978-2008) [J]. Water Research, 2016, 94: 73-85.

后 记

本书是在笔者的博士学位论文基础上修改而成的。时光如白驹过隙，回望曾经，感触颇深，唯以感恩之心致谢恩师、同窗、家人、友人。

首先由衷感谢我的导师王义民教授和畅建霞教授。我进入直博阶段的第一天，王义民老师就教导我博士除了要完成学业课程还要不断培养科研习惯，科研能力是一个博士的立身之本，因此我渐渐养成了看文献的习惯，自己的科研能力也稳步提高。感谢畅建霞老师，告诉我作为一名博士生，还需要进行论文积累，同时感谢畅老师亲自教我SCI论文写作的方法和技巧，让我的学术能力不再偏科。感谢两位老师带我深入钻研了水文学及水资源，让我领会到了专业的魅力。感谢两位老师帮我联系美国导师，获得了国家留学基金管理委员会资助的理海大学（Lehigh University）为期两年的联合培养博士机会，其间得到了Yichen Ethan Yang老师的指导。同时，两位老师还推荐我访问日本大学（Nihon University），拓展了我的研究兴趣和方向。所有的学术成果和博士学位论文的完成离不开老师们的耐心指导与帮助，两位老师对我的无私帮助我将铭记于心！

感谢Yichen Ethan Yang老师，在两年的访学过程中指导我阅读了大量水-能源-粮食方向的英文文献以及不断指导我的英文写作。Yichen Ethan Yang老师教会了我论文绘图的思路，让我的论文表现力提升了一个档次。在Yichen Ethan Yang老师的指导下，我英文论文的写作能力有了质的提升，用词也更加准确。Yichen Ethan Yang老师还激励我用英文和他人进行学术探讨，鼓励我进行英文汇报，我的英文口语能力得到了显著的提升，同时也具备了用英文进行思考的能力。

感谢黄强老师、解建仓老师、沈冰老师、李占斌老师、宋孝玉老师、莫淑红老师、汪妮老师、刘登峰老师、白涛老师等对我的帮助，还要感谢王义民和畅建霞团队的师兄、师姐、师弟、师妹们在生活及学习上的热心帮助，愿老师和同窗生活美满、前程似锦！

感谢我现在的工作单位陕西师范大学西北国土资源研究中心的主任曹小曙教授在工作中给予我指导和帮助，使我很快融入中心大家庭，拓宽了研究方向，帮助我提升水文学与地理学交叉融合研究的专业能力。感谢中心的黄晓燕、殷江滨、李涛、陈秦、邱孟龙、张苗、杨晴青、张甜、康喆文等，多学科交叉融合极大地提升了我的跨学科思维，使我收获良多。

感谢中山大学出版社的编辑们，感谢你们的审阅、校对，使本书内容更加完善，语言表达更通达，促成本专著的出版。

最后，感谢我的家人，感谢家人的理解和包容。

于文末再次向大家献上感谢，感谢你们走入我的生活，为我的生活增添了活力和色彩，愿你们诸事顺利！

杨洁

2023年9月于西安